Was passiert, wenn der Edeka auf der kleinen Ostseeinsel keine TK-Gans mehr im Angebot hat? Man schießt sich selber eine. Ob der Braten geschmeckt hat, wird der geneigte Leser nicht mehr erfahren, denn der befindet sich bereits in einer Runde von alten Uni-Freunden, die sich bei der Weihnachtsgans über die Vorzüge eines veganen Lebens und den alten Brauch des »Gänsereitens« unterhalten, derweil die nächste Protagonistin zum Flüchtlingslager unterwegs ist, denn Weihnachten ist das Fest der Nächstenliebe. Andernorts muss der Großvater einsehen, dass er des Bratens ohne elektrisches Messer nicht mehr Herr wird, und das vor den Enkeln, am Heiligen Abend! Dass so ein Festessen wegen Familienquerelen und anderen Turbulenzen auch einmal ganz ausfallen kann – davon und von noch viel mehr erzählen Antonia Baum, Tanja Dückers, Kristof Magnusson, Olga Martynova, Edgar Rai, Daniel Schreiber, Jenni Zylka und viele andere.

insel taschenbuch 4477
Gans und gar

# Gans und gar

## Geschichten vom Weihnachtsessen

Herausgegeben von Susanne Gretter

Insel Verlag

Erste Auflage 2016
insel taschenbuch 4477
Originalausgabe

Vertrieb durch den Suhrkamp Taschenbuch Verlag
Umschlag: Zero Werbeagentur, München
Umschlagabbildung: Kat Menschik, Berlin
Druck: CPI – Ebner & Spiegel, Ulm
Printed in Germany
ISBN 978-3-458-36177-0

# Inhalt

## Schöne Bescherung



## Es muss nicht immer Gans sein



## Da haben wir den Salat

# Schinken, Gans und Mandelkern

*Stefan Moster*

# Schinken, Gans und Mandelkern

## *Silja*

Sie hatte einen Schinken von zwölf Kilo, aber nur Esser für zwei Pfund – falls sie selbst kräftig zulangte. Ihr Mann aß kein Fleisch, ließ sich nur ihr zuliebe eine dünne Scheibe abschneiden, überzog sie mit einer messerklingendicken Schicht von Siljas selbstgemachtem Cognacsenf und verzehrte die Kreation mit einem Ausdruck von Duldsamkeit, der Silja an jedem gewöhnlichen Tag zur Raserei bringen würde.

Vor dem Schinken wurde Lachs serviert, mit Salz, weißem Pfeffer und Zucker bestreute und mit viel Dill belegte Filets, die am 22. Dezember aufeinander gelegt, zugedeckt und mit einem Stein beschwert wurden, was pünktlich zum Heiligabend echten Graved Lachs ergab. Den mochte ihr Mann, wie auch den Hering, den sie selbst einlegte, mit roten Zwiebeln, Karotten, Lorbeerblättern, Ingwer und Piment. Man hatte keine Wahl: Wenn man aus Finnland stammte, man musste an den weihnachtlichen Traditionen festhalten. Speziell am Schinken.

Den konnte man in der Heimat in jedem Supermarkt kaufen,

in Deutschland nirgendwo. Jedenfalls nicht in der richtigen Form: am Stück. Silja hatte nach dem Umzug einen Fleischer auf dem Festland so lange bearbeitet, bis er bereit gewesen war, ihr jedes Jahr einen Schinken nach finnischem Rezept zu pökeln, allerdings ohne über die Größe mit sich handeln zu lassen. Eine ostfriesische Sau hatte nun mal hinten zweimal zwölf Kilo drauf. Das Fahrrad schlingerte, wenn man mit dem Trumm im Korb auf die Fähre fuhr, aber es war erhebend, zu wissen, dass alles werden würde, wie es sich gehörte.

Ginge es nach ihrem Mann, gäbe es weder Christbaum noch Geschenke und zum Essen Kabeljau. Er nahm sich sogar heraus, den Vormittag des Vierundzwanzigsten seinem alltäglichen Hobby zu widmen. Kurz nach Sonnenaufgang hatte er mit seinem Fernrohr das Haus verlassen. Silja war schon auf den Beinen gewesen, um die Aufläufe zuzubereiten, die es zum Schinken geben musste: Karottenauflauf, Steckrübenauflauf, Kartoffelauflauf. Letzterer verlangte Sorgfalt. Man garte am Vorabend die geschälten Kartoffeln und stampfte sie, gab Butter und Mehl hinzu, streute weiteres Mehl über den Kleister und stellte das Ganze bis zum nächsten Morgen kühl. Über Nacht sollte das Mehl sich dann so mit der Kartoffelstärke verbunden haben, dass die Masse eine schmierige Konsistenz annahm. Niemand wusste, warum das so gemacht wurde, aber alle taten es, vermutlich seit dem 17. Jahrhundert. Am Heiligabend kam noch die Milch, in der man die Kartoffelschalen ausgekocht hatte, hinzu, und dann schob man das, nun ja, recht traditionell schmeckende Gemisch in den Ofen. Die anderen Aufläufe waren simpler, vorausgesetzt man verfügte über die Zutaten. Im Laden waren keine Steckrüben vorrätig gewesen, Silja hatte den Besitzer anflehen müssen, damit er auf den letzten Drücker noch ein paar Rüben vom Festland kommen ließ.

Die Fähre benötigte für die Überfahrt 120 Minuten, und man sollte meinen, dass ein Mensch, der gut gefrühstückt hatte, zwei Stunden ohne Nahrungszufuhr auskommt. Aber nein. Die Töchter hatten ein *Smoothie* gewollt. Wie er das Wort schon hasste, die Art, wie sie es in die Länge zogen. Bot man ihnen Bananen an, lehnten sie hochmütig ab, doch wenn man vier Euro für verrührte Bananen mit Strohhalm investierte, strahlten sie. Musste man das verstehen?

Aber gut, es war Heiligabend, warum ohne Not schlechte Laune provozieren. Bitteschön, hier habt ihr meine Kreditkarte, die Geheimzahl kennt ihr ja, und bringt Mama und mir einen Kaffee mit. Der Hund trottete den Mädchen hinterher und wedelte hoffnungsvoll mit dem Schwanz, ein Retriever hat immer Hunger.

»Ist doch schön, dass sie noch mit uns fahren«, hatte seine Frau gesagt und sich an ihn gelehnt. Als wäre es eine Option gewesen, dass die Teenager zu Hause blieben. An der Selbstbedienungstheke alberten sie herum wie kleine Mädchen, wahrscheinlich waren sie aufgeregt wegen der Bescherung. Sie hatten die Geschenktüte registriert. Kleine Päckchen verhießen Kleinelektronik.

Ronja fuchtelte mit der Kreditkarte, wahrscheinlich stellten sich die beiden vor, wie sie auf Kosten ihres Vaters die Theke leerkauften, sie quatschten unentwegt, schafften es dabei aber trotzdem, Tassen und Becher aufs Tablett zu bekommen. Als es ans Bezahlen ging, stellte der Hund die Vorderpfoten auf die Theke, weil für ihn noch immer nichts abgefallen war, und schnappte nach Ronjas Arm, aber das Mädchen befreite sich, weil sie ja bezahlen musste. Bei der schwunghaften Bewegung flog ihr die Kreditkarte aus der Hand und landete auf dem Fußboden.

Der Hund apportierte sofort, das haben Retriever nun mal im Blut, es kostete ihn einige Mühe, das am Bodenbelag haftende Plastik zwischen die Zähne zu bekommen, und als es ihm endlich gelang, kaute er zunächst demonstrativ ein Weilchen darauf herum, bevor er die Karte bei Ronja ablieferte.

Die Frau an der Kasse stieß einen Befehl aus, den man aus der Entfernung nicht hören konnte, mit dem Resultat, dass Ronja die Karte mit einer Serviette abwischte, bevor sie sie ins Lesegerät steckte. Die Einkäufe wurden eingetippt, ein Schokoriegel war hinzugekommen, offenbar für den Hund, Svenja hatte einen kurzen Blick auf ihren Vater geworfen, als sie die Süßigkeit aus dem Ständer genommen hatte, aber länger als eine Zehntelsekunde war ihr schlechtes Gewissen nicht in Kraft gewesen.

Die Frau an der Kasse schüttelte den Kopf.

Nun blickte sich Ronja nach ihrem Vater um, aber nicht flüchtig, sondern flehend. Sie brauchte Bargeld.

## *Silja*

Pöllö hatte versprochen, die Steckrüben auf dem Heimweg abzuholen. Er war allerdings nicht begeistert darüber, dass sie ihn auf den Namen Pöllö bestellt hatte. Dabei beschwerte er sich daheim nie über den Kosenamen, den sie ihm gleich zu Anfang gegeben hatte, bei zwanzig Grad minus unter einem fantastischen Sternenhimmel. »Die Milchstraße!«, hatte der Mann gerufen, der im Februar nach Finnland gekommen war, um Eulen zu hören, die in seiner norddeutschen Heimat nie auftauchten. Es gab auf der Insel nur die Sumpfohreule, nicht aber Uhu, Sperbereule, Habichtskauz. Vom Bartkauz ganz zu schweigen. Wegen dem vor allem war er nach Kuusamo gereist, er hatte sogar den finnischen Namen sagen können, *Lapinpöllö*, und gewusst, dass außer dem Uhu jede Eule auf Finnisch den Nachnamen *pöllö* trug, er hatte sich in der Hotelbar, die als Dorfkneipe und Jugendtreff fungierte, damit gebrüstet und war somit an seinem Spitznamen selbst schuld.

Dank ihrer Ortskenntnis konnte Silja ihn gleich in der ersten Nacht an die Stellen mit den rarsten Eulenarten führen. In der zweiten Nacht musste er dann nicht mehr in die Kälte hinaus. »Man will ja auch Land und Leute kennenlernen«, flüsterte er ihr im Hotelzimmer ins Ohr.

## *Pöllö*

Gut viertausend Exemplare. Die Ringelgans hielt sich wacker. Wer die Statistik der auf der Insel überwinternden Tiere seit der ersten Zählung von 1876 im Kopf hatte, durfte das konstatieren. Er notierte sich die Zahl, schulterte sein Spektiv und wollte sich schon auf den Weg zum Hafengelände machen, um nach Meerstrandläufern und Ohrenlerchen Ausschau zu halten.

Der Wind kam aus Südwest, er schnitt nicht ins Gesicht und drückte sich nicht durch die Jacke, man sollte die Gunst der Witterung nutzen und einen Blick aufs Watt werfen, auf die Ronde Plate, oder auf die Salzwiesen südlich des Sees. Es war noch früh am Tag, Silja mit ihren Aufläufen beschäftigt. Hatte er versprochen, um eine bestimmte Zeit zu Hause zu sein? Nein. Und das Bäumchen war auch schon geschmückt.

Auf dem Teerdamm nördlich der Jugendherberge dauerte es

nicht lange, bis er Gesellschaft hatte. Die neuen Bewohner der Herberge wussten mit sich nichts anzufangen und streunten herum, junge Kerle, nicht bestellt, nicht abgeholt. Zwei von ihnen näherten sich, als er die gerade eingeflogenen Saatgänse zählte. Sie kamen dichter an ihn heran, als es sich gehört hätte. Also die Herbergsbewohner, nicht die Gänse. Die hielten immer den gleichen Abstand. Sobald er die Zahl der Vögel notiert hatte, wandte er sich den menschlichen Ankömmlingen zu, damit sie ihn nicht für abweisend hielten. Er tat es zögernd, denn sie würden grinsen, ihn für einen Spinner halten und so weiter, wie das oft der Fall war, wenn er Fremden sagte, er beobachte mit seinem Fernrohr Vögel.

Aber sie grinsten nicht und stießen sich nicht gegenseitig an. Sie steckten ihre Telefone ein, sagten Moin und deuteten auf die Wiese. Sie wollten wissen, was da gerade gelandet war.

»Saatgänse. Wollt ihr mal gucken?«

Der Erste beugte sich übers Okular, brauchte eine Weile, bis er etwas im Bild hatte und sagte dann:

»*Big!*«

»Na ja, so eine Gans wiegt schon ihre vier Kilo.«

»*Eat?*«

»Nein! Die stehen unter Schutz. Die Deutschen essen zwar Gans zu Weihnachten, aber nicht solche. Und nicht alle Deutschen. Ich zum Beispiel esse keine.«

Dass die beiden das nicht verstanden, las er an ihren Gesichtern ab. Sie nahmen ihre Telefone wieder zur Hand und fotografierten die 432 Saatgänse. Er empfahl ihnen, Fotos durch das Fernglas hindurch zu machen, die Handykamera einfach aufs Okular zu halten. Tatsächlich waren die Jungs von den Nahaufnahmen beeindruckt und tauschten sich eine Weile aufgeregt in ihrer Sprache aus.

»*We eat!*«, riefen sie dann, und er konnte nicht erkennen, ob sie ihn damit ärgern wollten, denn sie liefen bereits davon. Das Nebelhorn der einlaufenden Fähre war ertönt, sie wollten nachsehen, wer an diesem Tag aus Emden kam.

Nun fiel ihm sein Auftrag ein: die Steckrüben. Um zwölf machte der Laden zu. Er würde die Salzwiesen auslassen müssen und damit die Chance auf eine weihnachtliche Sumpfohreule.

## *Jassin*

Die Inselbewohner erkannte man daran, dass sie die Fähre verließen ohne sich umzublicken, wohingegen die Touristen Blicke in alle Richtungen warfen, sogar zum Himmel. Diesmal kamen außergewöhnlich viele Alleinreisende an, die abgeholt wurden, vermutlich ehemalige Kinder der Insel, die über die Feiertage ihre Eltern besuchten. Alle lachten. Das war nicht gerade typisch für die Deutschen. Vermutlich hatte das mit diesem Weihnachten zu tun. Eine Familie zog allerdings nach Landesart die Mundwinkel nach unten, Vater, Mutter und zwei Teenager in hautengen Hosen, alle schlecht gelaunt. Nur dem Hund schien keiner in die Suppe gespuckt zu haben.

## Nils

An Weihnachten soll man sich nicht von Kleinigkeiten die Suppe versalzen lassen. Aber die Tatsache, dass die Kreditkarte von dem Lesegerät auf der Fähre nicht akzeptiert wurde, verhieß nichts Gutes. Und dass die eigene Ehefrau ihre Geldbörse mit der EC-Karte zu Hause vergessen hatte, hob auch nicht unbedingt die Stimmung. Die Fahrkarten für die Kleinbahn vom Hafen ins Dorf hatten sie mit den Fährtickets gekauft, der Augenblick der Wahrheit würde im Supermarkt kommen oder am Geldautomaten. Verstohlen blickte Nils ins Portemonnaie und zählte, was an Scheinen und Münzen noch vorhanden war. 27,60 Euro. Geteilt durch vier machte das 5,90 pro Person. Nach Inselpreisen vier Gulaschsuppen, viermal Strammer Max oder vier Toast Hawaii.

## *Sadiq*

Natürlich gab es in der Jugendherberge keine Gewehre. Auch keine Pfeile und Bögen. Nicht auszudenken, was damit angestellt würde, wenn es zu Reibereien käme. Aber in einer der Spielekisten hatte etwas gelegen, mit dem man es probieren könnte. Sadiq hatte in den Sachen gewühlt und schließlich den Bumerang gefunden. Hartes Holz. Nicht schwer, aber hart. Tschuk, tschuk, tschuk, wie ein Propeller würde es über die Wiese rotieren und eine von den dicken Gänsen ausknocken: pam. Keine Ahnung, wie man die briet, aber so schwer konnte es nicht sein. Wie ein Huhn halt. Federn ab, Innereien raus, würzen und dann in den Ofen. Fertig. Was die Deutschen konnten, konnte er schon lange. »Weihnachten ohne Gans ist für mich keins«, hatte die Dicke getönt, die in der Küche das Regiment führte, aber sie hatte dabei an ihre Familie gedacht, nicht an die Bewohner der Jugendherberge, und backsteinförmige, weiß bereifte Päckchen aus der Tiefkühltruhe genommen. »Was gibt es heute?«, hatte Sadiq gefragt, der immer gleich ausprobieren wollte, was er im Sprachkurs lernte.

»Seelachs orientalisch mit Salzkartoffeln«, hatte die Antwort gelautet. Kein Wunder, wenn da ein junger Mann zum Bumerang griff.

### *Silja*

Die Frage lautete: Wohin mit den restlichen elf Kilo? Anfangs hatte sie die Leute in der Nachbarschaft mit üppigen Stücken beglückt, aber seit sie im Vorjahr gesehen hatte, wie ein Nachbar am Stephanstag mit einem Spaten bewaffnet und einer Plastiktüte in der Hand in den Garten gegangen war, dachte sie um: Der Schinken sollte nur Leuten zukommen, die ihn zu schätzen wussten. Vielleicht wären die neuen Bewohner der Jugendherberge dankbare Abnehmer. Allerdings waren das dreihundert. Da fiel nicht viel für jeden ab und es stellte sich die umgekehrte Frage: Wie verteilte man das gute Stück gerecht?

### *Pöllö*

Die Gemüseabteilung bestand nur noch aus Lücken. Der kluge Kaufmann ließ über die Feiertage nichts vergammeln. Keine Steckrüben weit und breit, vielleicht lagerten sie irgendwo versteckt in einer Tüte mit der Aufschrift »Pöllö«. Vorläufig konnte man den Ladenbesitzer nicht danach fragen, denn der diskutierte gerade mit einem Urlauber, der einen kompletten Feiertagseinkauf für vier Personen und einen Hund anschreiben lassen wollte, was ihm freilich verweigert wurde.

»Überlegen Sie doch mal, was Ihnen da durch die Lappen geht!«, argumentierte der Tourist.

»Eben«, gab der Ladenbesitzer in seinem blütenweißen Kittel zurück.

Frau und Töchter des Bittstellers wandten sich verlegen ab, der Hund war draußen angeleint.

»Bitte!«, sagte der Mann nun kleinlaut.

»Bei mir wird nicht angeschrieben. Basta. Gehen Sie ins Hotel. Da gibt es Vollpension und man kann gegen Rechnung bezahlen. Im Hohenzollern sind noch Zimmer frei.«

Er ließ den Bittsteller stehen und rauschte an Pöllö vorbei, bevor dieser nach den Steckrüben fragen konnte.

## *Sadiq*

Von der Jugendherberge bis zum Supermarkt brauchte man mit dem Fahrrad eine knappe halbe Stunde. Wenn man dann schwitzend den Laden betrat, tauchte jedes Mal der Besitzer in seinem weißen Kittel auf und überwachte persönlich, dass nichts weg kam.

Diesmal war es praktisch, weil Sadiq eine Frage hatte. Er wollte wissen, was man in Deutschland zur Gans aß. Er war sogar bereit, ein paar Euro in unverzichtbare Zutaten zu investieren.

## *Jassin*

Ausgerechnet jetzt, wo die zwei Mädchen, die dringend Aufheiterung gebrauchen konnten, aus dem Laden kamen, stand er mit Sadiqs Beute unter der Jacke da und sah aus, als hätte er ein Baby im Bauch. Peinlich. Andererseits: er fiel den beiden auf. Sie kicherten sogar und tuschelten, während sie den Hund losbanden. Und die Eltern hielten Abstand, weil sie streiten mussten und nicht wollten, dass die Töchter etwas hörten.

Jassin wartete ab, bis die Mädchen in seine Richtung sahen, dann öffnete er mit Schwung die Jacke und erreichte, was er bezweckte: Die Mädchen kreischten bei dem Anblick auf.

Womit er nicht gerechnet hatte: dass der Hund den Braten roch und geradewegs auf ihn zuschoss.

## *Silja*

So einen Steckrübenauflauf hatte man in einer Stunde gemacht, Rüben kochen, mit dem Stab pürieren, Butter, Sahne, Ei dazu, würzen, traditionell mit Pfeffer, Salz, Muskat, aber mit etwas Ingwer modernisiert, das Ganze dann in einer Form für eine halbe Stunde in den Ofen, und das war es dann auch schon. Trotzdem könnte Pöllö allmählich einfliegen. Und sei es nur, um seiner Frau ein bisschen Gesellschaft zu leisten. Außerdem mussten sie den traditionellen Milchreis zeitig essen, damit sie am Abend wieder Platz für den Schinken hatten. Silja überlegte, was sie sich wünschen sollte, falls sie die Mandel bekam. Ihren wahren Wunsch verkniff sie sich seit Jahren. Ihr Mann war nach dem Krieg mit seinen Eltern als unterernährtes Flüchtlingsbaby auf die Insel gekommen, so einen zerrte man nicht aus seinem Haus in ein fremdes Land, auch wenn sich die Sternenhimmel dort noch so prächtig präsentierten.

Allmählich wäre es Zeit, das Thema Steckrüben zur Sprache zu bringen. Mit dem Stativ samt Fernrohr über der Schulter sah er nicht eben unauffällig aus, falls ihn der Ladenbesitzer übersah, dann geflissentlich. Gerade hatte ein Bewohner der Jugendherberge den Laden betreten und sprach den Mann im weißen Kittel an. Pöllö erkannte, dass sich auch hier ein längerer Wortwechsel anbahnte, diesmal wegen sprachlicher Unsicherheiten. Er vertrieb sich die Zeit, indem er sich umsah. Erstaunlich, was in den Regalen alles untergebracht war, wie viel Auswahl den Kunden zur Verfügung stand, hier zum Beispiel vier verschiedene Sorten Honigkuchen in Zellophan.

Honigkuchen? Die hatten Honigkuchen? Hatten die womöglich auch Malzbier?

Das war am Tag vor Heiligabend seine Aufgabe gewesen: den Honigkuchen in Würfel schneiden, das Malzbier darüber gießen und dann alles schön zermatschen! Und dicht neben ihm die Mutter, die währenddessen Porree, Pastinaken, Sellerie schnitt und Zwiebel würfelte. Wie die Gerüche sich da vermengten! Und das war erst der Anfang, denn wenig später wurde das Gemüse angeröstet und gekocht, und dann kamen der zermanschte Honigkuchen und diverse Gewürze dazu und es wurde einem fast schwindlig, weil die Luft in der Küche komplett gegen Duft ausgetauscht wurde. Wenn alles fertig war, wollte man schier verrückt werden, weil man die Tunke nicht essen durfte.

»Heißt ja nicht umsonst Weihnachtssoße«, hatte die Mutter mit besonderer schlesischer Betonung gesagt, als sie den Topf in die kalte Kammer stellte, wo auch das Sauerkraut stand und die Weißwürste hingen.

### *Sadiq*

»Gänse hab ich nicht mehr. Wär ja noch schöner, wenn ich am Heiligabend um zwölf Uhr mittags noch Gänse in der Kühlung hätte«, meinte der Kaufmann.

»Ich habe Gans«, erwiderte Sadiq fließend, kam aber erneut ins Trudeln, als er versuchte, sich bei dem Mann im weißen Kittel nach geeigneten Beilagen zu erkundigen.

### *Jassin*

Als der Hund angriff, warf sich Jassin theatralisch auf die Erde, um die Gans zu schützen. Prompt kamen die Mädchen angerannt, um den Retriever zu bändigen und Jassin zu fragen, ob alles in Ordnung sei, und so kam man ins Gespräch, über Hunde und Gänse und *where do you come from* und *where you* und wie lange bleibt ihr und vielleicht kann man sich ja mal sehen, falls es langweilig wird mit den Eltern.

Bloß was die Gans betraf, musste geflunkert werden, damit man nicht für diebisch und brutal gehalten wurde. Es juckte ihn gewaltig, mit dem Bumerangwurf anzugeben, obwohl Sadiq der Jäger gewesen war. Das hätten die Mädchen ja nicht wissen müssen. Die Handynummern rückten sie nicht heraus, aber sie verrieten, wo ihr Ferienhaus stand.

### *Pöllö*

Endlich nahm der Kaufmann Notiz von ihm und fragte, wieso die Steckrüben auf so einen komischen Namen bestellt worden waren.

Sie kannten sich seit der Schulzeit. Der Kaufmann war mit seinen Eltern gleich nach dem Krieg zum Urlaub auf die Insel gekommen. Den Aufenthalt hatten sie in Naturalien bezahlt, mit Kartoffeln, Gemüse, Fleisch, Eiern, und das hatte den Vater des Kaufmanns auf die Idee gebracht, ein Geschäft daraus zu machen und einen Laden zu gründen. Freunde waren sie nicht gewesen, der Kaufmannssohn und das Flüchtlingskind, aber sozusagen als Fremde vereint, bis sie keine Fremden mehr waren. Auf einer Insel lernt man, miteinander auszukommen.

»Hast du Angst, dass die aus der Jugendherberge bei dir klauen, weil du sie so belauerst?«, fragte Pöllö.

»Im Gegenteil. Ich gucke mir eine Ladenhilfe aus. In den Ländern, wo die herkommen, zählt ein Kaufmann noch was. Da sind garantiert große Talente dabei. Unter den Hiesigen finde ich ja keinen.«

## *Silja*

Sie beschloss, es zu versuchen, schnitt eine Scheibe von gut hundert Gramm für Pöllö und eine großzügiger bemessene Portion für sich selbst ab, verpackte den Schinken in Alufolie und fuhr mit dem Rad zur Jugendherberge. Der Wind kam aus Südwest, also von vorn, natürlich, auf dieser Insel hatte man immer Gegenwind.

Im Aufenthaltsraum saßen mindestens fünfzig junge Kerle. Silja wickelte den Schinken aus, und gab zu verstehen, dass sie ihn zu verschenken gedachte. Alle lachten.

»No Schweinefleisch«, rief einer.

»Gibt es hier wirklich niemanden, der Schinken isst?«

Alle schüttelten den Kopf.

»Nur *chicken*«, rief einer.

»Oder Gans«, ein anderer.

Nun lachten nur noch diejenigen, die schon etwas Deutsch konnten.

»*Come*«, sagte einer, der sich als Jassin vorstellte.

Silja packte die elf Kilo wieder ein und folgte ihm nach draußen. Er zeigte ihr sein Handy. Auf dem Display stand eine Adresse.

»Wo?«, wollte Jassin wissen.

Gemeinsam fuhren sie mit dem Fahrrad über den Damm zurück und bogen vor der Ortsmitte links ab. Unter der Adresse stand ein schmuckes Ferienhaus.

## Nils

Hätte er sich auf der Fähre außer dem Kaffee etwas zu essen gegönnt, würde ihm jetzt nicht der Magen knurren. Das hätte allerdings auch nicht viel genutzt, denn Frau und Töchter hätten trotzdem wegen Unterzuckerung schlechte Laune. An eine vorgezogene Heimreise war in diesem Zustand nicht zu denken. Also musste Nahrung her, und er als Mann und Familienoberhaupt musste sie beschaffen.

Aber wie?

Die Vermieter hatten einen geschmückten Plastikbaum aufgestellt, die Geschenke lagen darunter, doch für die interessierte sich jetzt keiner, weil sie mutmaßlich nichts Essbares enthielten. Die Wahrheit lautete: Er saß an Heiligabend mit seiner Familie auf einer Nordseeinsel und litt Hunger.

Der Hund sah kein bisschen schuldbewusst aus.

*Jassin*

Zuerst wollte ihn der Mann nicht ins Haus lassen, aber dann drückte ihm Silja den schweren Schinken in die Hand, weil sie ihn nicht mehr halten konnte, und nachdem sie ein paar Sätze gesagt hatte, wurde Jassin aufgefordert, den Brocken in die Küche zu tragen.

Die Mädchen lachten, als sie ihn sahen, wahrscheinlich trug er schon wieder ein totes Tier durch die Gegend. Oder die Gans von vorhin hatte inzwischen essbare Form angenommen. Sobald Silja die Alufolie entfernt hatte, lachten nur noch die Erwachsenen, besonders der Mann. Die Mädchen wollten keinen Schinken, sondern Gans.

*Sadiq*

Er nahm gerade die Gans aus dem Ofen, als Jassin mit den Mädchen kam. Rotkohl und Klöße waren schon fertig, weil sie schon so gut wie fertig gewesen waren, als sie ihm der Kaufmann geschenkt hatte. Mit etwas Verzögerung betraten allerdings auch die Eltern der Mädchen die Küche. Sie genierten sich, taten aber demonstrativ streng. Wie früher die Touristen im Souk, die glaubten, auf diese Weise verhindern zu können, dass sie beim Feilschen den Kürzeren zogen.

Sadiq forderte sie auf, sich zu setzen. Es raschelte, als sie es taten. Sadiq musste ihnen eigens bedeuten, die wulstigen Jacken auszuziehen. Der Mann legte einen Geldschein auf den Tisch, Jassin nahm Teller aus dem Schrank. Sadiq schnitt die Gans an. Weil er das Geld nicht beachtete, legte der Mann noch einen Schein dazu. Guten Appetit, sagte Sadiq fließend. Da kauten die Mädchen bereits.

Er hörte abrupt auf zu kauen, fuhr mit der Zunge in die Backe und schob vorsichtig die Mandel zwischen die Lippen. Feierlich legte er sie auf den Tellerrand und wünschte sich mit fester Stimme für nächstes Jahr schlesische Weißwürste mit schlesischer Weihnachtssoße.

»Ich dachte du isst kein Fleisch«, entgegnete Silja.

»Ich habe von Würsten gesprochen.«

»Und du glaubst, die kannst du hier kaufen?«

»Die mache ich selbst!«, erklärte er energisch und glaubte dem Lächeln seiner Frau anzusehen, dass eine Finnin auch mal auf ihren Schinken verzichten konnte.

*Marjana Gaponenko*

# Wintertraum

*(für belle-mère)*

Gräfin K. erhob sich nach zwei Anläufen von ihrem besten Möbelstück, einem für ihr Alter viel zu tiefen Kaminsessel mit kurzen Ziegenbockbeinen. Die Zahl der mit Champagner gefüllten Gläser, die sie, in diesem Sessel sitzend, in ihrem Leben geleert hatte, stand in den Sternen und war deswegen vielleicht astronomisch. Wie viele rauschende Feste ihr zu Ehren hatte sie, müde vom Tanzen, von dieser mit Rosshaar gepolsterten Warte aus beobachtet, um sich dann wieder in eine wilde Quadrille zu stürzen. Es war Winter, die Zeit der Bälle, der klirrenden Sporen, des zitternden Parketts. In einer Ecke des Raums glitzerte im Halbdunkel ein von ihrer Schwiegertochter großzügig geschmückter Weihnachtsbaum. Weihnachten feierte sie seit Jahren bei ihrem Sohn, und der Sessel, von dem sie sich erhoben hatte, war mal ihr Weihnachtsgeschenk an das junge Ehepaar gewesen. Eben hatte sie von ihrem Liebling Izmir geträumt, einem ihrer Boxer, den der Grabhügel schon seit Jahrzehnten deckt. Gräfin K. holte ein Tüchlein aus einem Jackenärmel und tupfte sich eine unsichtbare Träne aus dem Auge.

Ihr Traum hatte sie in eine Kathedrale verschlagen, mitten in eine gut besuchte Christmette. Es musste draußen krachend kalt gewesen sein. Auf der Bank rechts von ihr schlummerte ein zerlumptes Wesen unbestimmten Geschlechts. Zu ihrer linken Hand betete, auf sein Holzknie gestützt, ein Soldat in altmodischer und staubgepuderter Uniform. Ihr Blick irrte unruhig durch die Kathedrale. Nein, hier kannte sie sicher niemanden. Plötzlich zuckte sie zusammen. Vorne bei der Kanzel stand, auf seine Hinterläufe gestützt, Izmir als Ministrant im roten Chorrock. Er ließ ein Glöckchen in den hell erleuchteten Raum hinein klingeln und begann mit Hingabe, wenn auch etwas lispelnd, »Lobet den Herrn« zu singen. Der alten Gräfin wurde im Traum ganz schwarz vor Augen.

*... der dich erhäält,*
*wie ess dir sselber gefääällt ...*

»Izmir«, rief sie zur Kanzel, »braver Junge!« Und dann im Flüsterton zum Soldaten, der gerade seinen Holzfuß unter der Vorderbank verstaute: »Ist das nicht allerhand! Das habe ich ihm nicht beigebracht!« Der Hund schien die Stimme seines Frauchens erkannt zu haben. Er stockte und sang nach einer kleinen Atempause weiter:

*... hassst du nicht diessess verspüüret?*

Das Gesicht des Soldaten wirkte schwarz vor tiefgreifender Kränkung. »Das freut mich, Madame«, gab er zur Antwort und hantierte weiter an seiner Prothese.

»Was er alles gelernt hat in meiner Abwesenheit!«, fuhr Gräfin K. fort und fasste sich an den Mund. »Wessen Abwesenheit eigentlich?« Wer in den Jahren der Trennung wirklich abwesend gewesen war, der verstorbene Hund oder sie selbst, war plötzlich eine Frage der Perspektive. Eine ganz wichtige Frage, wie sie es im Traum spüren durfte, eine Frage, deren nicht zu leugnende Aktualität beim Erwachen erloschen war. Jetzt konnte sie über diese Verwirrung nur traurig schmunzeln. Genau in der Mitte, sagte sie zu sich, in der besten aller Welten …

Auf dem Weg zur Küche blieb sie vor der Standuhr stehen, einem für ihren Geschmack hässlichen Holzklotz, den ihr Sohn von einer bodenständigen, aber sehr liebenswerten Patentante geerbt hatte. Die Uhr war die Seele des Hauses, pflegte diese zu sagen. Damit hatte sie ihr eigenes Geburtshaus gemeint, die Heimat der Standuhr. Inzwischen hatte die Gräfin mit der Uhr Freundschaft geschlossen. Selbst dass sie eine Stunde vorging, fand sie nun sympathisch. So wie man es bei missratenen Menschen mit viel Charme tut, so kann man auch bei manchen Möbeln ein Auge zudrücken. Und pünktlich muss ich nicht mehr sein, wozu die Eile? Die selig im Herrn entschlafene Tante hatte zu ihren Wachzeiten viel und gerne an ihren Patensohn verschenkt. Tafelsilber, Bilder, Bücher, Kücheninventar. Das Haus war vollgestellt mit den Zeugnissen eines ehrlich großbürgerlichen und eines raffiniert adeligen Lebens. Für das Letztere war neuerdings Gräfin K. zuständig. Sie schaute dem Pendel zu, wie er hin und her schwang.

Es war sechs Uhr (laut Uhr sieben), Zeit, eine Champagner-Flasche zu entkorken. Aus der Küche roch es köstlich nach frisch gebackenen Käsekeksen. Ein Topfdeckel polterte hallend auf die Fußbodenkacheln. »Soll ich die Gläser holen?«, fragte sie durch eine Türspalte. »Ja, und eine Schale für die Kekse bitte«, antwortete die Stimme ihres Sohnes. »Wo ist deine Frau?«, rief Gräfin K., die die Treppe hinaufging, auf dem Weg zum Geschirrschrank. Die Frage erreichte ihr wahres Ziel. Das runde Gesicht der Schwiegertochter tauchte einige Sekunden später verschlafen auf dem Treppenkopf auf, und schon krachten die Stufen unter ihrem Schritt. Die junge Frau war eine

Ausländerin und konnte sich nur mit Mühe verständigen, was oft, aber nicht immer für Kurzweil und reizvolle Unterhaltungen sorgte. Als sie das Wohnzimmer betrat, saß die Gräfin bereits auf dem Kanapee. Drei Gläser blinkten im Kerzenschein. »Weihnachten ist ein schönes Fest«, kommentierte die Gräfin mit lebhafter Mimik. Ihre Stimme klang freundlich, wenn auch etwas schrill. »Schönes Fest«, wiederholte die junge Frau benommen. »Wo Kekse?«, fügte sie nach einer kurzen Pause hinzu. »Wo sind die Kekse«, verbesserte die Gräfin lächelnd. »Die Kekse sind auf dem Weg.« »Kekse auf dem Weg?«, entsetzte sich die Schwiegertochter. »Die Kekse kommen.« Gräfin K. zündete eine Zigarette an. »Deutsche Sprache – schwere Sprache«, sagte sie nach dem ersten Zug und entblößte zwei Reihen kräftiger Zähne, die trotz ihres Alters immer noch die eigenen waren. »Die Kekse nischt konnen kommen«, murmelte die Schwiegertochter, »Kekse haben kein Bein«. Jaja, winkte die Gräfin ab, das war nur metaphorisch gemeint. In diesem Moment betrat ihr Sohn das Wohnzimmer. »Ihr streitet euch schon wieder!«, lachte er und stellte die Schale mit dem Zankapfel auf den Tisch. »Georg, ich bitte dich!« Gräfin K. blinzelte vergnügt zu ihrem Sohn hin. »Du weißt nicht, wie gut du es mit uns hast.« »Wenn Schneefälle tagelang anhalten«, antwortete Georg, sich die Hände reibend. »Erinnerst du dich, wie Onkel Felix sich im Schneetreiben verirrt und sich den Kiefer an einem Wegpfeiler gebrochen hat. Haha!« »Ja«, kicherte die Gräfin. »Zuvor hat er mit einer Laterne den anderen Ballgästen vorangeleuchtet.« »Haha!«, rief Georg, der am Hals der Champagner-Flasche drehte. »Nach dem Aufprall hat er sie fallen lassen, klare Sache, würde ich auch tun. Dann konnte man gar nichts sehen, und es schneite und schneite ...« »Tja, wenn es richtig dicht schneit«, ergänzte Gräfin K., »kann man keine zehn Schritt weit sehen, mit oder ohne Laterne.« »Schneid es weiß auf Feld unt Flur, gehe niemals vor die Tur!«, deklamierte die Schwiegertochter und schob sich einen Käsekeks in den Mund. »Oha«, wunderte sich die Gräfin, »steht es in deinen Lehrbüchern?« Die Schwiegertochter nickte, kaute zu Ende und sagte in singendem Tonfall: »Blumchen, lass disch pflucken, lass uns Freunde sein, will ans Herz disch drucken, frohlich tragen heim!« »Ein Stück im Tollhaus!«, lobte die Schwiegermutter, und dann zum Sohn: »Sie wird ja immer besser!« »Wem sagst du das!«, lachte Georg, »Achtung, ich schieße!«, und plopp flog der Flaschenkorken an die Decke. »Sie will es so.« »Isch mag Krach«, sagte die junge Frau verschämt und zog das volle Glas an sich heran. Gräfin K. tastete mit den Augen die niedrige Decke nach Einschusslöchern ab. Die Decke befand sich in einwandfreiem Zustand, wenn man von einigen mit einer Schuhsohle zerquetschten Motten absah. Sie nippte an ihrem Glas: »Es geht uns gut.« Die Großzügigkeit, die so schwer definierbar und gleichzeitig so klar ist, die Großzügigkeit, die keine Einwände und keine Kompromisse duldet, Großzügigkeit war ihr Lieblingswort. Obwohl die Wohnung ihres Sohnes sich mit dem Haus, das sie einmal geführt hatte, nicht vergleichen ließ, was Inventar und Fläche anging, spürte die Gräfin diese Großzügigkeit auch hier. Hin und wieder erschnupperte sie die Düfte der versunkenen Gärten, so wie jetzt bei einem Glas Champagner im Kerzenlicht, das das Bibliothekszimmer geheimnisvoller und größer erscheinen ließ. »Es ist mir so«, sagte sie und zündete sich eine neue Zigarette an, »als läge im Schwinden von Dingen und Menschen eine philosophische Botschaft. Alles Große muss kleiner werden, muss sich auf sein Wesen reduzieren. Das ist die wahre Größe. Was nützt mir ...«

»Großsein tut es nischt allein, sonst holt die Kuh den Hase ein«, nuschelte die Schwiegertochter und ließ sich noch einmal nachschenken. »Toll, was sie so im Unterricht lernen, nicht wahr, Georg?« Georg nickte, trank sein Glas aus und schaute auf die Uhr. Es war Zeit, den Christbaum anzuzünden. Als dies vollbracht war, wurde der Baum von allen Seiten begutachtet. »Wunderbar, wie immer vortrefflich geschmückt«, lobte die Gräfin mit der Zigarette in der Hand, »und diese riesigen Kugeln, an der Grenze zum Kitsch und doch so bezaubernd. Liest du uns etwas aus der Bibel vor, Georg?« Ihr Sohn machte große Augen, das hatte er seit seiner Konfirmation nicht mehr gemacht. Er wanderte die Regale entlang und zog eine rote Bibel heraus. »Was ist denn das?«, lachte seine Mutter, »die Bibel haben die Mäuse angeknabbert!« Tatsächlich war die Bibel angeknabbert. Dem Buchumschlag hatten die Nagetiere den Vorzug gegeben. Auch die Genesis blieb, bis hin zum Exodus, nicht verschont. Eine Karte lag zwischen zwei Buchseiten.

*Am Tage Deiner Konfirmation am 16. Juni 19xx schenke ich Dir diese Bibel, die dich durch dein ganzes Leben begleiten möge.*

*Deine Patentante*

»Lies die Stelle, wo die Karte liegt«, bat die junge Frau. »Lag«, verbesserte sie kaum hörbar die Gräfin.

»Versuchung Jesu«, begann Georg, »Jesus kehrte voll Heiligen Geistes vom Jordan zurück und wurde vom Geist in der Wüste umhergeführt, vierzig Tage hindurch, wobei er versucht wurde vom Teufel.«

»Wie unangenehm«, flüsterte Gräfin K. und warf einen besorgten Blick zum Christbaum. Es konnte nichts passieren.

Die Kerzen brannten ruhig, der Baum war ganz frisch und ein Eimer mit Wasser stand im Nebenraum.

»Er aß nichts in jenen Tagen«, fuhr ihr Sohn fort, »und als sie vorüber waren, hungerte ihn. Da sagte der Teufel zu ihm: Bist du Gottes Sohn, so sag zu diesem Stein, daß er Brot werde. Jesus antwortete ihm: Es steht geschrieben: ›Nicht nur von Brot allein lebt der Mensch‹.«

»Entschuldigen, isch verstehe nischt. Nischt von Brot allein?«, unterbrach die junge Frau. »Und der Teufel sagte zu ihm«, las Georg ungerührt weiter. Seine Frau winkte ab und lehnte sich mit verschränkten Armen zurück. »Diese ganze Macht will ich dir geben und ihre Herrlichkeit; denn mir ist sie übergeben, und wem ich will, dem gebe ich sie. Wenn du mich nun anbetest, soll sie ganz dein sein. Jesus erwiderte ihm: Es steht geschrieben: Den Herrn, deinen Gott, sollst du anbeten und ihm allein dienen.«

»Entschuldigung!« »Darf ich mal in Ruhe zu Ende lesen?«, bellte Georg zurück. »Die Bibel ist ein heiliges Buch«, erklärte Gräfin K., ihre Hand nach einem neuen Keks ausstreckend. Georg las feierlich weiter: »Als der Teufel mit allen Versuchungen zu Ende war, ließ er von ihm ab bis zu gelegener Zeit.«

»Schön!« Gräfin K. erhob sich von ihrem Platz und näherte sich dem Baum. »Schön geschmückt.« »Was heißt das, nischt von Brot allein?«, fragte die Schwiegertochter. »Geistige Nahrung«, erklärte ihr die Gräfin. »Gott allein.« »Brot allein oder Gott allein?« »Gott ist Brot! Brot des Menschen.« »Gott kann essen?«, lachte die Schwiegertochter, »bei uns so ein Sprichwort: bist du Gott, brauchst kein Brot.« »Genau darüber reden wir ja!« Gräfin K. schüttelte einem Tannenzweig die Hand, »richtig frisch. Wunderbar.«

Während sie Champagner trinkend in Erinnerungen geschwelgt hatten, waren die Kerzen heruntergebrannt. Bald schlug es Mitternacht. Prosit und frohe Weihnachten. Und noch einmal Prosit. Danke, dass ich bei euch feiern darf. Wir danken dir, liebe Mutter. Gute Nacht. Gute Nacht.

Gräfin K. legte sich in ein schmales Biedermeier-Kinderbett, ein schlichtes und elegantes Modell, in dem auch ihr Sohn Georg die Nächte seiner Kindheit verbracht hatte. »Das Schwinden von Gegenständen«, zuckte es in ihrem Kopf, »reduziert auf das Wesentliche«. Und schon schlief Gräfin K. tief und fest. Im Traum wurde sie Zeugin eines Balls, der ihr zu Ehren in einem provinziellen Gasthof gegeben wurde. Die Bauern tanzten eine Polonaise. Sie flogen durcheinander, fielen um und zogen sich gegenseitig wieder auf die Beine. Die Gräfin schaute dem bunten Treiben von ihrem Sessel aus zu. Der Wind der Kleider kühlte ihr das Gesicht, wofür sie eine Erklärung hatte: das Fenster ist offen. Jedoch wußte sie nicht, in welchem ihrer Träume sich dieses Fenster befand. »Tanz Püppchen, tanz«, sang eine heisere Stimme unter dem Tisch. »Was wollen Sie, ich tanze nicht!«, fauchte die Gräfin, »... die Schuhchen sind noch ganz«, jammerte die Stimme gleichgültig weiter, »dass sie dir nicht reue, der Schuster macht dir neue, tanz, Püppchen, tanz ...« »Izmir?« »Istmirübel, mit Verlaub, denn so haben sie mich in ihren heimlichsten Gedanken scherzhaft genannt.« »Mensch, Izmir, auch das!«, freute sich die Gräfin, sie zog an der Tischdecke, doch diese schien in Breite wie Länge endlos zu sein. »Komm heraus!« Der Hund gab ein schmatzendes Geräusch von sich. »Nur wenn wir beide durch den Raum walzen.« »Gut. Ich führe.« Aufgrund seiner Körpergröße musste die Gräfin ihren Liebling beim Tanzen auf dem Arm halten. »Eine zweite Runde und ich bin 20 cm größer«, versprach der Hund. In der Tat wurde er länger, seine Rute fegte im Tanz übermütig den Boden. »Noch eine Runde und ich bin ein stattliches Bäumchen«, drohte Izmir, die Pfoten um den Hals seines Frauchens gewunden. »Sag mal, Izmir«, fragte die Gräfin, »wie ist es dir gelungen, von den Toten aufzuerstehen?« Sie schien nicht müde zu werden, musste nicht einmal nach Luft schnappen und tanzte mit allen Sinnen. Der Hund schaute ihr tief und etwas wehmütig in die Augen. Plötzlich kniff Izmir die Augenlider zusammen, als hätte er Zahnweh. »Lobe den Herrn« sang er, einen üblen Mundgeruch verströmend. »den mächtigen König der Ehren.« Das bin ich, überlegte die Gräfin. Der Geruch kommt sicher von mir. Im Traum gibt es weder Wind noch Geruch, ausgeschlossen.« »Lob ihn, oh Seele«, verlangte Izmir, sein Frauchen bespuckend. »Kommet zuhauf!« Von dem Gestank tränten der Gräfin die Augen, doch sie walzte mit dem Hund weiter. In der Hoffnung, eine Antwort auf ihre Frage zu bekommen, wartete sie geduldig auf das Ende dieses Intermezzos, doch es kam anders. »Psalter und Harfe, wacht auf«, triumphierte Izmir, »lasset den Lobgewau wau-u!«

Gräfin K. lag noch lange wach im Bett. Ihr Zimmer wirkte hell, als würde ein Riese mit einer Laterne in ihr Fenster hineinleuchten. Von unten ertönte melodisches Klirren. Der Frühstückstisch wurde gedeckt. Was für ein merkwürdiger Traum, dachte die alte Dame, wenn er nichts zu bedeutet hat, so bin ich mit meinem Latein am Ende. Sie stand auf und trat barfüßig ans Fenster. Die Sonne blendete sie. Es sollte ein herrlicher Wintertag werden.

*Jenni Zylka*

# Lecker scharf

Die Schwiegertigerin ist zu Besuch. Einem Sturm nicht unähnlich, überkommt sie uns dreimal im Jahr – an Ostern, an Pfingsten und kurz vor Weihnachten. Ostern bringt sie Fondant-Eier mit, Pfingsten trockenes Schüttelbrot. Weihnachten überreicht sie Marzipan in Schachteln, an denen noch D-Mark-Preise kleben. Wahrscheinlich hat sie irgendwann in den 80ern mal einen Großmarkt ausgeraubt.

Um die antiken Marzipanschachteln nicht öffnen zu müssen, als vormittags das Hüngerchen klopft, nehmen wir sie mit auf den Weihnachtsmarkt. Der ist eng, voll und die Lebensmittelduftwolken sind besonders penetrant. Aber für die Schwiegertigerin duftet es nach Großstadt, nach weiter Welt. Sie findet es fantastisch. Es bringt ihre Magensäfte zum Brodeln.

»Herrlich ist es hier«, sagt sie beim ersten Stand und liest vor: »Schneeballen aus Hohenlohe Schrägstrich Franken, mit Marzipan oder Zwetschgenmus, guckt doch mal, hier gibt es Schneeballen! Aus Hohenlohe Schrägstrich Franken! Mit Marzipan oder Zwetschgenmus! Wollt ihr einen?« Nein. »Soll ich einen nehmen?« Wissen wir nicht, du bist erwachsen. »Na einen kann ich doch mal nehmen, mit Zwetschgenmus. Man soll ja jeden Tag Obst essen. Vitamine sind wichtig. Wollt ihr auch einen? Mit Marzipan? Ihr mögt doch Marzipan?« Nnnnjein. Nur frisches, das sich nicht im Teig versteckt ... Die Schwiegertigerin hört nicht hin, schmeißt ihre Rente auf den Zahlteller und beißt in einen säuglingskopfgroßen frittierten Ball aus Mürbeteig. Sie kaut, Puderzucker schneit auf den kalten Asphalt, aus der Schneeballmitte katapultiert das Zwetschgenmus die Vitamine direkt ins Blut. Wir genießen die himmlische Ruh'.

Aber die ist nur von kurzer Dauer, schon ist der Schneeball im Maul geschmolzen, sind die Vitamine im Blut verdunstet, schon rieselt statt Puderzucker wieder Wort auf Wort. Sie liest das Schild am nächsten Stand vor: »Raclette aus der Schweiz, wie schön, ich war ja mal in der Schweiz, das sind so nette Menschen! 1974 war ich zwei Wochen in Zürich und in Bern. Und in Linz.« Um etwas einzuwenden ist die Pause zu kurz. Die Schwiegertigerin steht witternd im Racletteduft und redet weiter. »Hmm, riecht wie Hawaiitoast! Das mag ich auch gern! So exotisch – und gesund! Ich war ja mal in einem Wellnesshotel, da gab es eine Hawaiibehandlung!« Sie beginnt zu singen: »Es gibt kein Bier auf Hawaii, es gibt kein Bier. Drum fahr'n wir nicht nach Hawaii und bleiben hier!« Sie macht Anstalten zu schunkeln. Dann trifft sie wieder eine Käsebrise. »Aber Raclette ist noch besser als Hawaiitoast. Raclette wird sogar noch bekömmlicher, wenn der Käse erst mal geschmolzen ist! Das ganze Fett schmilzt nämlich mit weg!« Wir favorisieren den Klebeeffekt und kaufen ihr eine Portion. Die Schwiegertigerin kriegt die Dritten sogar mit geschmolzenem Käse im Mund auseinander. Als sie weiterredet, ohne zu schlucken, fällt eine Perlzwiebel auf den Boden. »Das mit dem frischen Gemüse dazu finde ich so raffiniert!« Wir nicken matt.

Der Käse kleidet ihren Magen aus, geschlossen hat er ihn nicht. Genauso wenig wie den Mund. Am nächsten Stand gießt ein junger Mann Crèpeteig auf eine große Herdplatte. »Crèpes aus Paris!«, ruft die Schwiegertigerin entzückt, »ach, Paris, ich war ja mal in Paris, da habe ich immer Louis-de-Funès-Filme geguckt, das war so lustig! Wie der die Autos dirigiert hat ...« Sie imitiert Louis de Funès, der die Autos dirigiert. Neben uns geht jemand in Deckung. »Wollen wir die nicht am ersten Weihnachtstag machen? So wie hier, richtig auf der Herdplatte mit Spachtel?« Wir haben einen Gasherd, wenden wir ein. »Ja und«, fragt sie fröhlich. Iss doch jetzt schon eins, die schmecken bestimmt besser, raten wir ihr. Sie dirigiert noch ein bisschen und beginnt dann, die möglichen Füllungen vorzulesen. »Hört mal zu, Puderzucker, Erdbeermarmelade, Kirschmarmelade, Bananen, Cointreau, Käse, Pilze ... was soll ich denn nehmen, was meint Ihr?« Was du willst. »Bananen und Cointreau, das ist ja Obst ... ob das zusammenpasst?« Bestimmt. Wenn's genug Cointreau ist ... »Was ist denn nochmal Cointreau – das ist kein Alkohol, oder? Von Alkohol werde ich doch immer so müde ...«

Wir sind plötzlich aufmerksam. Ach ja, von Alkohol wird sie immer so müde ... das hatten wir fast vergessen ...

Es ist 12 Uhr mittags, die Wintersonne scheint. Wir bestellen der Schwiegertigerin einen frischen gesunden Crêpe aus Paris mit einer doppelten Portion Cointreau, bitte. Cointreau ist bekanntlich ein gesundes französisches National-Obstgetränk aus gesunden kleinen Orangen. »Whow«, sie kaut, »lecker scharf«. So isst man in Frankreich, nicken wir. Den Rest-Cointreau von der Pappe gießen sich echte Franzosen in den Rachen, erklären wir. Das ist dort Brauch. Sie lässt sich nicht lumpen und kippt sich den Cointreau in die Kehle. Du hast Durst, stellen wir fest. Wie wäre es mal mit einer brasilianischen Spezialität: Caipirinha. Ganz lecker und mit gesunden frischen Limetten.

»Brasilien, ja, Samba ... ich war ja mal in Buxtehude ...« Wir schauen sie an. Sie redet weiter: »... in einer Tanzschule, da haben wir auch Samba gelernt!« Die Schwiegertigerin singt: »Das ist der Popocatepetl-Twist, bei dem Pepito alle Mädchen küsst, und seinen Muli dabei ganz vergisst« und macht ein paar Walzerschritte. Wir haben dich aber nicht vergessen, sagen wir, und reichen ihr den großen Becher mit dem Eis. »Danke, das kenne ich aber wirklich, das gibt es bei uns am Bahnhof in allen Farben, die Kinder trinken das immer: Slushy!« Genau, nicken wir, Brasil-Slushy. Sie schlürft beherzt den Strohhalm, und klingt überrascht: »Huch, guckt mal, schon leer ... Da war aber nicht viel drin im Slushy ...« Hast du immer noch Durst, fragen wir fürsorglich, und kaufen ihr noch ein Brasil-Slushy.

Die Sonne scheint auf ihren Kopf. Sie legt ihn schief, leckt sich die Lippen, schaut auf den nächsten Stand und liest vor: »Ach, Rheinische Spezialitäten! Ich war ja auch schon mal im Rheinland, in Karlsruhe! Im KLM ... Da gab es eine tolle Ausstellung ... ganz bunte Fotos ... wer war das nochmal ... Charles Lindbergh?« Das hier ist DIE rheinische Spezialität, sagen wir, und halten ihr ein Glas mit Altbierbowle vor die Nase. So eine Art Kompott, wie ein Nachtisch. Sie ext, und löffelt danach mit einem langen Löffel die Früchte aus, wie es in Nordrhein-Westfalen Sitte ist. Ihr Blick ist ein klein wenig trübe geworden. Die gebrannten Mandeltüten und die gelackten Äpfel lässt sie links liegen, doch die mehrstöckigen Weihnachtspyramiden aus dem Erzgebirge im Schaufenster einer kleinen Holzhütte fesseln sie. »So viele niedliche Schafe ... ich war ja schon mal ... im S...S...Siebengebirge ... da gab es ... Bergschafe ...« Die

Pyramide dreht sich, die Schwiegertigerin auch. Sie schwankt in Richtung Nachbarzelt, über dem ein Schild mit »Tiroler Skihütte« prangt. »Kennst du die Perle, die Perle Tirols ... das Städtchen Steinfurt ... das kennst du wohl« setzt sie an. »Huch mir ist etwas ... komisch ... Wisst ihr, früher hatte ich noch nicht ... so sch...sch...schwere Knochen ...« Da hilft ein gesunder Yogi-Tee, sagen wir, und schieben sie durch die Tür. Wir begleiten sie zu einem Sessel in einer dunklen Ecke. Wir knoten ihren Handtaschenhenkel an das Sesselbein und bestellen einen Weihnachtsgrog mit Zimt. Sie rührt im Glas, nimmt einen großen Schluck und wirkt gedankenverloren. Austrinken, sagen wir, danach bist du bestimmt wieder fit, und wir können weiterziehen. »Geht ihr sch...sch...schon mal vor. Ich komme noch. Nach. Ich komme nach«, verspricht sie. Sie kuschelt sich in die Rückenlehne, nippt wieder, das leere Grog-Glas gleitet zu Boden. Wir legen ihr das Woll-Cape über die Knie, und drücken dem Kellner beim Hinausgehen einen Schein in die Hand. Wie lange ist heute geöffnet? »18 Uhr«, sagt er. Falls sie vorher aufwacht, bitten wir, stellen Sie ihr einen Becher Glühwein hin und sagen, es sei Früchtetee. »Ich wünsche Ihnen einen schönen Adventssonntag«, nickt der Kellner. Danke, den haben wir bestimmt.

# Es ist angerichtet

*Tanja Dückers*

# Von Gänsen, Reitern und anderen Tieren

Seit geraumer Zeit stört es mich, dass ich kaum Gespräche mit Freunden oder Bekannten führen kann, ohne dass ich den Ausgang des Gesprächs zu kennen meine. Ich glaube, wir leben im Zeitalter der Besserwisser. Wie selten erlebe ich es, dass Freunde noch offen und wissbegierig eine Unterhaltung beginnen und sich gern vom Gegenüber überzeugen lassen. Nein, wir – ich schließe mich ein – gehen nicht mehr in ein Gespräch mit offenem Ausgang, wir führen einen kurzen heftigen »Dialog«, der damit endet, dass der Andere uns Recht gibt – nicht aus Überzeugung, sondern um den Abend nicht entgleisen zu lassen. Natürlich gibt es auch die Freunde, Kollegen und Bekannte, die sich von vorneherein nur noch mit Leuten umgeben, die in politischen Belangen ihre Meinung teilen, ihre Kinder auf die »richtigen« Schulen schicken, die gleichen Theaterstücke gut finden und sich ähnlich kleiden. Ich fürchte, meine Litanei hier, mein Jammern, ist Symptom einer Midlife-Crisis. Plötzlich fängt man an, sein eigenes Leben, seine Familie und Freunde, einfach alles, sehr argwöhnisch zu betrachten und mit »Früher war alles besser«-Reden anzufangen. Vielleicht ist mein Befund aber auch richtig: Nur wenn man jung ist, geht man mit Neugierde auf andere Menschen zu, möchte wissen, was sie denken und möglicherweise etwas lernen, seinen Horizont erweitern, seine Meinung ändern. Jetzt, mit Mitte 40, will man nur noch sein Weltbild bestätigt sehen, egal, ob das Herz politisch eher links oder rechts schlägt – die Begriffe sind eh überholt –, ob man für oder gegen Montessori-Schulen, für oder gegen bewaffnete deutsche Auslandseinsätze, ob man Vegetarier, Veganer oder Fleischesser ist oder was auch immer.

Ich habe jedenfalls in den letzten Jahren fast nur noch Gespräche geführt, die eher einem Schlagabtausch, einem Duell ähnelten als einem Gespräch, bei dem zwei Menschen gemeinsam in einen neuen Raum vorstießen und sich noch überraschen lassen wollten.

Vielleicht hat meine Feststellung auch nichts mit einer Midlife-Crisis zu tun, sondern damit, dass wir in einem komplett neoliberalisierten Zeitalter leben. Jeder meint, sich auch noch beim Abendessen, auf der Geburtstagsparty oder in der Kneipe durchsetzen, Recht haben zu müssen. Und – hier stimmen beide Thesen, die vom Lebensalter und die vom durchökonomisierten Leben, überein – je länger man in diesem kapitalistischen Zirkus mittanzt, in dem es keine wirkliche Trennung von beruflicher und privater Sphäre mehr gibt, desto deformierter wird man selbst.

Unser Weihnachtsfest im letzten Jahr drohte zu genau solch einem langweiligen Schlagabtausch zu werden, wie ich ihn so oft in den letzten Jahren im Freundeskreis erlebt hatte. Das Ende war jedoch wirklich überraschend und für mich das eigentlich Weihnachtliche an diesem Weihnachtsfest.

Gesa und ich waren am ersten Weihnachtstag bei Malte und Sigrun eingeladen. Heiligabend hatten wir zusammen mit unseren Kindern gefeiert, jetzt saßen Nana und Bruno zuhause vor ihren Computern und chatteten mit ihren Freunden. Wir wussten, sie waren froh, einfach mal freie, unverplante Zeit zu haben. In den nächsten Monaten steht für unsere Zwillinge das Abitur an, daher sind Gesa und ich im Moment etwas entgegenkommender, was Chatten und Spielen am Computer in den Ferien angeht. Wie alle Bildungsbürger, die wir zu sein meinen, halten wir natürlich »Computerspiele« irgendwie immer noch für ein bisschen böse. Das Lesen langer trashiger Fantasy-Romane läuft dagegen unter dem guten alten »Lesen«.

Malte und Sigrun hatten auch Anne und Gero, Cordula und Clemens zum Weihnachtsessen eingeladen. Eine uns vertraute Runde. Im Grunde ist das meine alte Uni-Clique. Wir haben alle Germanistik studiert, sind später verschiedene Wege gegangen. Malte und Sigrun wurden Lehrer, ich Werbetexter (wie war das nochmal mit der beruflichen Deformation?) und Ghostwriter. Gesa, die eigentlich Gisela heißt, was ihr verständlicherweise nicht gefällt, habe ich kurz nach Ende des Studiums kennengelernt, sie ist Lektorin in einem Schulbuchverlag. Diese Clique hat sich personell nur wenig verändert: Gero ist irgendwann gegen Gerd eingetauscht worden, Cordula gegen Carola. Ansonsten: alles beim Alten.

Malte und Sigrun können hervorragend kochen. Früher haben wir vier Paare immer »reihum« gekocht. Irgendwann fanden die Essen – wir treffen uns nicht nur zu Weihnachten – nur noch bei Malte und Sigrun statt. Was die Kochkünste angeht, sind uns Sigrun und Malte einfach überlegen. Dafür bringen die Gäste aber immer guten Wein, Bücher und andere Geschenke mit.

Weihnachten 2015 gab es wieder »Sigruns Weihnachtsgans«. Ich werde hier nicht der Versuchung erliegen, sie zu beschreiben, denn mit Worten lässt sich dieses Exemplar von einer Gans einfach nicht beschreiben. Auch möchte ich mir das gar nicht mehr im Detail in Erinnerung rufen, denn ich werde aller Voraussicht nach nie mehr eine Gans genießen können.

Der Nachtisch bestand aus einem von Malte fabrizierten Passionsfrucht-Quitten-Kompott mit selbst gemachtem Passionsfrucht-Eis mit Krokant- und Nougat-Streuseln. Dazu gab es noch in Zucker gewendetes Quittenfrüchtebrot, ebenfalls selbst gemacht.

Als die Gans auf den Tisch kam, passierte Folgendes: Gero, der Mann von Anne (vor zwei Jahren eingetauscht gegen Gerd) sagte auf einmal, langsam und vorsichtig: »Habt ihr das mit diesem Gänsereiten gelesen? Wo es da diese Petition gab auf change.org?«

Gero ist Kinder- und Jugendtherapeut wie sein Vorgänger Gerd. Das heißt Gerd ist Maltherapeut und Gero Musiktherapeut. Gero sieht Gerd auch noch ähnlich. Die gleichen blonden Löckchen, die ihm ein schafähnliches Aussehen verleihen. Anne hat eine Schwäche für sehr weiche, anpassungsfähige Männer, die leise sprechen, sich scheinbar nie aufregen und auf eine sanfte, aber beharrliche Weise sehr, sehr rechthaberisch sind.

Schweigen in der Runde.

»Gänsereiten? Was'n das? Klingt ja leicht obszön«, Clemens kicherte. Clemens ist der »Proll« unter uns. Das heißt, diese Rolle spielt er mit Vergnügen seit den Unitagen. Er guckte schon Fußball, als es für Geisteswissenschaftler noch nicht unisono angesagt war, sich mit Volkes Masse bierselig vor den Bildschirm zu drängen. Apropos Bier: Wenn die anderen Wein trinken, trinkt er Bier. Mit seiner jovialen, wurschtigen Art konnte er schon oft Konflikte entschärfen. Oft schienen mir seine Humor-Attacken gezielter eingesetzt als zu vermuten war bei seiner ach so spontanen Art.

Gero, der sehr eloquent und nie um eine Antwort verlegen ist, legte sofort los: »Im Ruhrgebiet, also genauer gesagt in Bochum-Wattenscheid, findet jedes Jahr am Rosenmontag dieses sogenannte ›Gänsereiten‹ statt. Dabei wird eine Gans zwischen zwei Bäumen an den Füßen aufgehängt. Mehrere Reiter versuchen dann, ihr im Galopp den Kopf abzureißen. Also die Gans ist schon vorher tot, muss man dazu sagen. Aber wem das mit dem Kopf-Abreißen gelingt, der darf sich ein Jahr lang, bis zum nächsten Rosenmontag, ›Gänsereiterkönig‹ nennen.«

Kurz unterbrach ihn Clemens: »Dis wird ja immer obszöner. Gänsereiterkönig, was es nicht alles gibt. Ich bin der Stutenreiterkönig ...« Kurzes Gekicher. Dann redete Gero weiter: »Bis dahin muss der Gans der Hals immer wieder angeschnitten werden. Während in anderen Städten mittlerweile Attrappen verwendet werden, hält man in Bochum an der echten Gans fest. Die muss nur für diesen ›Spaß‹ getötet werden.«

Wie immer hatte es einen Widerspruch gegeben zwischen der Härte seiner Aussagen und seinem gewinnenden Lächeln, der melodisch-einlullenden Stimme (als Kindertherapeut war er sehr beliebt). Einmal hätte Gero mich beinahe davon überzeugt, ein Hybrid-Auto zu kaufen, für das Gesa und ich nicht annähernd genug Geld besaßen.

Jetzt passierte das erste Wunder des Abends. Sigrun, die private Fünf-Sterne-Köchin, hätte eigentlich sofort, schon nach der Frage mit dem Gänsereiten, beleidigt sein müssen. Gesa und ich hatten uns auch schon gleich erschrocken angesehen. Spätestens nach Geros Ausführung hätte sie zur Gegenrede ausholen müssen. Stattdessen legte sie den Kopf zur Seite und fragte: »Seit wann gibt es diese Tradition denn?«

Gesa und ich sahen uns erstaunt an.

Gero schob sich ein paar seiner Engelslöckchen aus dem Gesicht, dann sprach er leise weiter: »Dieser schöne Brauch geht auf das 16. Jahrhundert zurück. Es ging damals darum, Reiter für kriegerische Zwecke auszubilden. Ihnen sollten alle Skrupel ausgetrieben werden, deshalb das Kopf-Abreißen. Damals riss man einer lebendigen Gans den Kopf ab. Das wurde aber später verboten. Danach gab es eben Attrappen. Aber es gibt heute noch zwei aktive Vereine in Bochum-Wattenscheid, die meinen, es müsste unbedingt eine echte, wenn auch schon tote Gans für diese hemmungslose und barbarische Gaudi herhalten. Die sagen nur: Das hat 400 Jahre Tradition. Als ob das alles rechtfertigen würde. Haben wir denn noch Hexenverbrennungen? Dürfen unsere Lehrer« – er sah sich kurz nach Sigrun und Malte um – »heute noch ihre Schüler verprügeln?«

Jetzt schaltete sich Malte, Sigruns Mann und Mitausrichter des Essens, ein. Er ist, wie manche Leute sagten »fast so breit wie hoch«, ein Schrank von Mann, kräftig, aber auch übergewichtig. Er hat ein kantiges, immer leicht grummelig aussehendes Gesicht. Seine extrem kurz geschorenen, quasi nicht vorhandenen Haare geben ihm obendrein etwas Martialisches. Aber, wie er mir einmal erklärt hatte, gewollt wäre das nicht, ihm fehlten einfach nur die Haare. Malte murrte jetzt also: »Aber zum Glück ist Sigruns Gans ja nicht Opfer dieser Tradition geworden. Guten Appetit!«

Ich sah den Abend schon entgleisen. Malte konnte aufbrausen, wie wir alle wussten. Er hatte auch gleich in Verteidigungsstellung nach Sigruns Hand gegriffen. Aber Sigrun machte sich wieder frei und sagte mit entschiedener Stimme: »Das ist ja so was von widerlich! Und da gab es auf change.org eine Kampagne? Schade, dass ich das nicht gewusst habe. Ich hätte sofort unterschrieben. Also, wirklich. So was als Karnevalsbrauchtum fortzusetzen und zu meinen, das wäre in Ordnung, nur weil man Leute schon vor 400 Jahren mit allen Mitteln verroht und abgestumpft hat. Krass.«

Malte versucht noch einmal, Sigruns Gans zu retten: »Ja, aber es ist ja nun ein gewaltiger Unterschied, ob man eine Gans isst oder ob man ihr vor Publikum zur allgemeinen Begeisterung den Kopf abschlägt. Guten Appetit!«

Ein paar Gabeln senkten sich daraufhin zaghaft auf die Teller.

Cordula, die bislang noch nichts gesagt hatte, mischte sich lebhaft ein: »Und wie denkt man sich das so, mit all den Leuten mit Kindern, die sich doch beim Karneval auch so'n Spektakel ansehen? Ich meine das ist ja für alle öffentlich. Was ist das für ein schreckliches Erlebnis für Kinder? So, Leon, guck mal, wie der Reiter da der Gans den Kopf abhaut, ist das nicht toll?«

Gesa, die ja als Sachbuchlektorin arbeitet und unlängst den großen »Weltatlas der Tiere« für Schulkinder herausgegeben hat, erhebt ihre überraschend tiefe Stimme (sie ist von zarter Statur), die einen verstummen lässt: »Brutalität gegenüber Tieren wird schon seit langem von Psychologen als Zeichen für eine seelische Störungen angesehen. Da wendet jemand seine Aggressionen gegen Schwächere. Es war glaube ich Albert Schweitzer, der mal gesagt hat – also, ich kriege das jetzt nur so ungefähr hin: ‚Für jeden, der sich einmal daran gewöhnt hat, das Leben irgendeines anderen Lebewesens als wertlos anzusehen, besteht die Gefahr, dass er eines Tages auch zu dem Schluss kommt, ein menschliches Leben sei wertlos.« Ihre Augen leuchteten dunkel im Kerzenschein. Einen Moment lang schwiegen alle.

»Naja, Blödsinn, Hitler hat Tieren nichts zuleide getan, nur Menschen ... «, gab Clemens zu bedenken. Er kicherte wieder, rutschte auf seinem Stuhl herum. Jetzt, nach Gesas Ausführungen, wirkte es unpassend. Wenn man über seine Witze nicht lachte, konnte er beleidigt sein wie ein kleines Kind. Hoffentlich nicht heute.

»Wieso, der Umkehrschluss muss ja nicht funktionieren. Jeder, der Tiere nicht quält, ist ein Menschenfreund ... das ist natürlich Quatsch. Beim Unternehmen Barbarossa sind übrigens über eine halbe Million Pferde zum Einsatz gekommen, deren Leben hat Hitler nicht interessiert«, warf Gero ein, nicht ohne zu lächeln. Vor meinen Augen stiegen Bilder auf, Schwarz-Weiß-Bilder vom Feldzug gegen Russland, von Pferden mit Schnee an den Hufen und Eiszapfen an den Mähnen. Ob wohl irgendeines dieser Pferde überlebt hatte? Vermutlich waren die, die nicht bei den Kampfhandlungen gestorben waren, gegessen worden.

»Dieses Gänsereiten ist einfach nur widerlich. Ich finde Gänse eigentlich so *schöne* Tiere!«, rief Anne, Geros Frau, jetzt pathetisch. Ihre Gabel hatte sie längst zur Seite gelegt. Einen Moment lang fragte ich mich, ob sie vielleicht eher an Schwäne dachte.

»Ich auch!«, das war Cordula.

»Die sind richtige Persönlichkeiten!«, wusste Sigrun jetzt und fügte noch an: »Die können einem richtig in die Augen gucken, richtig frech.«

Gero räusperte sich, strich sich ein, zwei Richard-Clayderman-Locken aus dem Gesicht. Dann, nach einer kleinen Kunstpause, sagte er – fast flüsterte er: »Ich trau's mich noch nicht zu sagen, aber ... ich bin übrigens Vegetarier geworden.«

»Na, immerhin nicht Veganer«, merkte Malte spitz an und tätschelte sich den Bauch.

»Oder Frutarier ...«, rief Cordula.

»Wie hieß nochmal dieses lustige Buch von Kerstin Duve? Anständiges Essen oder so?«, wollte Anne wissen.

»Die Autorin heißt Karen Duve und das Buch hieß »Anständig essen. Ein Selbstversuch« erläuterte Gero ruhig in seiner sanften, nicht auftrumpfenden Art. »Lustig ist das Buch allerdings nicht wirklich.«

»Wieso bist du denn jetzt Vegetarier geworden?«

Drei Frauenaugenpaare hingen an Gero. Inklusive die von meiner Frau. Und auch Clemens war still geworden, unterließ auch mal sein unruhiges Gerutsche auf dem Stuhl. Als Kind war er als »Zappelphilipp« bezeichnet worden, später im Studium als »Störenfried«, und, von den toleranteren Professoren, als »Freigeist«. Heute hätte man bei ihm wohl ADHS diagnostiziert. Ständig Witze zu machen, schiene ihr noch die beste Art, damit umzugehen, hatte Gesa mal zu mir gesagt.

Gero sprach dann von Tierrechten und davon, dass wir Menschen auch eine Art Tiere wären. Die Vorstellung, nur der Mensch verfüge über eine Sprache, sei längst obsolet. Ob Delphine, Krähen oder Ratten, sie würden alle viel komplexer kommunizieren als von uns angenommen. Wieso wir meinten, uns über alle anderen Spezies stellen zu können? Dann widersprach ich ihm – ich und nicht, wie alle erwartet hatten, Malte. Malte hörte die ganze Zeit mit schräg gelegtem Glatzkopf zu. Ich sagte, dass es irgendwie Unfug sei, zu meinen, man könnte sich aus der an sich brutalen und immer auch darwinistischen Nahrungskette ausklinken. Und warum es nur ein Recht auf Tiere geben sollte und nicht ein Recht für Pflanzen? Gab es nicht schon Bücher, die belegten, dass bestimmte Baumsorten miteinander durch Abgabe von chemischen Stoffen »kommunizierten«, wenn eine Rodung bevorstand oder ein Waldbrand ausbrach? Wo würden wir hinkommen, wenn wir unsere gesamte naturale Umwelt unter Schutz stellen wollten? Wir seien ein Teil der Evolution, Teil dieser Kette, ob wir wollten oder nicht. Menschen seien anthropologisch betrachtet immer sogenannte Mischköstler gewesen und in vielen Ländern, von der Wüste Sudans bis hin zu den Eiswüsten im Norden Kanadas, Alaskas oder Sibiriens auf Fisch angewiesen. Ich dachte dabei an ein Buch über Ernährungsgewohnheiten, das Gesa neulich lektoriert hatte.

Gero widersprach mir, Tiere essen im Sudan oder in Sibirien sei etwas ganz Anderes als Massentierhaltung in einer Wohlstandsgesellschaft. Wir seien doch längst nicht mehr Teil der Evolution im Sinne eines Ausgeliefert-Seins, sondern würden die Lebensbedingungen auf der Erde zunehmend selbst in die Hand nehmen, im Guten wie im Schlechten. Dann könnten wir uns nicht immer vor der Verantwortung drücken und, wenn es uns gelegen kam, unsere Gewohnheiten zu verteidigen, sagen: »Ach! Ich bin doch eigentlich ein Raubtier und kann nicht anders!« Am nächsten Tag würden wir aber die Wüste bewässern, Nanoteilchen entwickeln und Ozon in den Himmel jagen.

So ging es hin und her.

Ich hatte erwartet, Malte würde weiterhin versuchen, diese Diskussion zu beenden und zu »Sigruns Gans« zurückzukehren. Ich hatte damit gerechnet, dass er versuchen würde, Geros Argumente abzuwerten, um seiner Rolle als Gastgeber gerecht zu werden, was er aber, so ist es ja immer bei solchen Schlagabtäuschen, natürlich nicht zugeben würde. Er würde dann so tun, als wollte er die Gänsereiter, Gänseschlachter und überhaupt alle Schlächter der Welt um ihrer selbst willen und ihrer Profession wegen verteidigen, dabei ging es ihm eigentlich nur um seine Frau und seine Einladung. Aber ich hatte Malte unterschätzt. Und auch Gero. Ich kannte ihn noch nicht wirklich gut, aber die Kombination aus seinem Beruf, seiner betont ruhigen »verständnisvollen« Art und seiner Richard-Clayderman-Löckchen waren deutliche Anzeichen dafür gewesen, dass ich es hier mit einem Rechthaber sondergleichen zu tun hatte. Der natürlich ein vollkommen anderes Selbstbild besaß.

Es stellte sich überraschend heraus, dass Gero zwar Vegetarier, aber nicht Missionar geworden war. Das ist selten. Selten vor allem bei Männern, die sich in einer Runde von Frauen befinden – mit moralischen Argumenten und einem »Denkanstoß zum besseren Leben« kann man bei Frauen doch oft punkten. Ich muss mir dieses Pauschalurteil erlauben. Es ist ja nur auf meiner Privatempirie begründet. Ich schreibe das ja nicht in einer Zeitung. Noch überraschender war, dass Malte im Fortgang des Gesprächs offenbar bereit war, zum Vegetarismus zu wechseln, Sigrun hingegen konnte sich nicht vorstellen, langfristig auf Gänseleber-Pastete zu verzichten, das sei einfach solch eine Köstlichkeit.

Unser Essen am ersten Weihnachtstag endete damit, dass Gero doch seine Gans aß und erklärte, wie Karen Duve eigentlich nur einen Selbstversuch unternommen und festgestellt zu haben, dass er eigentlich nicht so richtig Vegetarier sei. Malte hingegen wollte Sigruns Gans nicht mehr – und auch nie mehr – essen (Maltes Gans wurde dann von Gero und mir verspeist). Er erzählte uns zu später Stunde noch, dass er bei Geros Geschichte vom Gänsereiten an einen ähnlichen Brauch auf dem Hof seines Großvaters erinnert worden sei und dass er als Kind jedes Jahr schon tagelang davor Angst gehabt hatte. Und, ja, der gewünschte Verrohungseffekt sei bestimmt eingetreten, denn die Reiter auf den Pferden hätten nachher auch übel gegen Obdachlose und Russlanddeutsche gehetzt.

Am Ende waren wir alle sehr betrunken, denn wir hatten zu

wenig Herzhaftes gegessen, bei so viel Wein. Malte hatte eine Flasche nach der anderen geöffnet.

Eine knappe Woche später trafen wir uns zu einem Neujahrsspaziergang. Ich dachte, es sei alles nur ein Traum gewesen. Aber es blieb dabei, Gero ist nicht mehr Vegetarier. Er bezeichnete sich jetzt als einen »sich ausgewogen ernährenden Mischköstler«. Er hatte sich sogar zum Jahresbeginn für eine etwas weniger romantische Frisur entschieden, die ihn eher wie ein Fuchs als wie ein Schaf aussehen ließ. Hoffentlich kommt die bei seinen kleinen Patienten auch so gut an. Malte ist nach wie vor Vegetarier. Sein Norwegerpulli saß – vergleichsweise – locker, war er etwa auf Diät gegangen? Konnte man so schnell Erfolge sehen? Das musste eine rigide Diät sein, die er da angefangen hat. Er hätte sich ein schönes gebundenes Buch mit Blankoseiten gekauft und notiere darin – das erzählte uns Sigrun, nicht er selber, er war ja doch eher verschlossen – seine Kindheitserinnerungen. Seine Haare sind allerdings so kurz wie eh. Aber dafür kann Malte ja nichts.

*Leta Semadeni*

# Are you lonesome tonight?

Durch den Spalt zwischen den Vorhängen sickert das Licht der Straßenlampe und fällt auf das Gesicht der Großmutter, das aussieht, als sei sie daraus entwischt.

Man hört von draußen das Muhen einer Kuh.

Der Wind tobt im frischen Schnee herum, die Welt ist wie verwandelt. Auch drinnen ist alles anders.

Am Morgen, als das Kind mit roten Augen und dem Geruch von Schnee in der Nase erwacht war, hatte die Großmutter gesagt:

Wenn man sich vor der Einsamkeit nicht mehr fürchtet, dann ist man frei.

Es versucht schon den ganzen Tag zu verstehen, was das Wort bedeutet: Einsamkeit. Die Großmutter meinte, die Einsamkeit habe etwas zu tun mit der Faust, die ständig in seinem Magen boxt und es manchmal nicht schlafen lässt.

Während das Kind mit der Einkaufstasche auf der Türschwelle zum Wohnzimmer steht und darauf wartet, dass die Großmutter wieder in ihr Gesicht zurückkehrt und etwas sagt, ist auf dem äußeren Fenstersims eine Dohle gelandet und pickt am Fenstersims herum. Die Großmutter klopft mit den Fingerknöcheln zurück, die Dohle fliegt weg, die Großmutter dreht sich um und ist wieder ganz die Großmutter.

Komisch, sagt sie, dass die Kühe muhen, das Muhen kommt so fremd und mühsam aus ihren Mäulern.

Zusammen gehen sie in die Küche. Die Großmutter packt den fremden Vogel aus, den sie schon vor Wochen, wie jedes Jahr, beim Metzger bestellt hat und den das Kind gerade aus dem Dorf gebracht hat.

Man sieht es sofort: Er ist zu groß für zwei Personen. Der Großvater hat sich vor einem Jahr ganz plötzlich *aus dem Staub gemacht*, dieser Feigling, wie die Großmutter sagt, Kasimir und seine Frau können dieses Jahr nicht dabei sein. Und die Eltern, sie haben es im Dorf nicht mehr ausgehalten und sind weggezogen. Geblieben sind nur sie beide, die alte Frau und das Kind. Und Chan, der Hund.

Darum hat die Großmutter noch Elsa aus dem gelben Haus eingeladen, die ihr manchmal im Garten oder bei den Hausarbeiten hilft. An solchen Abenden sollte man nicht allein sein.

Punkt sieben läutet es an der Tür. Elsa schreitet als Engel im Pelz über die Schwelle. Sie hat sich Engelshaar in ihre grauen Zöpfe geflochten und die Zöpfe mit Büroklammern am Kopf fest gemacht. Das Kind fürchtet sich ein bisschen vor der Elsa, aber die Großmutter findet sie erfrischend.

Bei den meisten Leuten weiß man schon im Voraus, was sie zu sagen haben, sagt sie, es ist eine langweilige Wiederholung, was sie von sich geben, es ist, als würde man sich dasselbe hundertmal ansehen oder anhören, stinklangweilig ist das, wogegen die Elsa voller Überraschungen steckt. Sie ist erfrischend, sagt die Großmutter, sie ist ein gutes Kind, man muss ihr nur zuhören. Elsa kann die verschiedensten Dinge und Gedanken zusammenlegen und sie zu einem ordentlichen Paket verschnüren.

Als Überraschung hat Elsa heute Elvis mitgebracht. Er hat natürlich wieder seinen blöden Tarnanzug an, den weißen mit den glitzernden Pailletten, weil Weihnachten ist, sagt Elsa, und weil an Weihnachten überall alles glitzert und glänzt. Auch die Berge glitzern draußen um die Wette mit den Pailletten auf Elvis' Brust und stoßen ihre Zacken in Richtung Mond und Sterne.

Die Leere neben Elsa riecht ein wenig nach Chanel 5 und Kartoffelkeller – nach Elsa eben. Niemand weiß, seit wann genau Elsa und Elvis ein Paar sind. Irgendwann, an einem Morgen nach einer schlaflosen Nacht, auf dem Weg zum täglichen Einkauf, lief sie an der *Alpenrose* vorbei und wusste, sie MUSS da hinein, koste es, was es wolle, jetzt, sofort, auch wenn's gerade kurz vor acht war, und sie befürchten musste, dass der schwarze Mann um diese Zeit gerade seinen Morgenschoppen zu sich nahm. Sie hatte wieder geträumt, von der Schwerkraft und von der Zeit, die ihre schwarzen Haare grau färbte. Zusammen mit der Schwerkraft hatte sich die Zeit gegen Elsa verschworen, davon war sie überzeugt. Es nützt gar nichts, sich da etwas vorzumachen, sagte Elsa gern, man kann sich an glitzernden Klunkern und an Pelzmänteln berauschen so viel man will, es ist unmöglich, der Schwerkraft und der Zeit ein Schnippchen zu schlagen. Spätestens dann, wenn man abends grau vom Tag in den Pyjama steigt, schlagen sie wieder zu, und am Morgen ist das Resultat sichtbar.

Irgendwie hatte die Sache mit Elvis auch mit der Schwerkraft und der Zeit zu tun. An diesem elenden Morgen hatten die beiden Elsa direkt in die *Alpenrose* und in die Arme von Elvis getrieben.

Und dann bin ich in die Kindheit hineingegangen, hatte Elsa erzählt.

Der Kaminfeger stand tatsächlich noch an der Theke, rabenschwarz, mit dem Glas Rotwein in der Hand, die so früh am Morgen noch rosa und fremd aus dem schwarzen Ärmel schaute, genau wie sein Gesicht aus dem hochstehenden Kragen, der seinen Hals vor dem Ruß hätte schützen sollen.

Er muss immer viel trinken, um all den Ruß aus seiner Kehle zu spülen, meinte die Großmutter, wenn die Rede auf ihn kam, und er macht das *prophylaktisch* schon früh am Morgen.

Hinter der Theke war an diesem Morgen die Serviertochter Claudia damit beschäftigt, die schmutzigen Gläser über ihren Mund zu stülpen und ihren Atem hineinzublasen, um die Schlieren an den Glaswänden und -rändern mit dem weichen Tuch wegzukriegen, als Elsa eintrat.

Du hauchst dir noch die Seele aus dem Leib, hatte sie zur Serviertochter gesagt, in ein paar Jahren hast du keine mehr.
Ich hatte noch nie eine, hatte Claudia geantwortet und Elsa war klar geworden, warum Claudia keine Angst vor dem Kaminfeger hatte: Sie hatte nichts zu verlieren.

In der »Kindheit« drinnen war eine Fliege zur Unzeit erwacht, flog verwirrt im Zickzack durch den Raum und lenkte die Augen von Elsa hinüber zum kleinen Tisch links neben der zweiten Tür mit der Aufschrift »Privat«. Da saß nun wirklich und wahrhaftig Elvis vor einem Glas Bier und schmierte sich Brillantine ins Haar.

Seitdem sind sie ein Paar. In guten wie in schlechten Zeiten. Es war Liebe auf den ersten Blick gewesen. Der Kaminfeger konnte ihr seitdem nichts mehr anhaben.

Elvis hatte sie in seine Arme genommen, ihr *Are you lonesome tonight* ins Ohr gesummt und ihr dabei den Klunker vom Finger gestreift, zärtlich, liebevoll.

Es ging nicht immer gut mit ihm.

Es gibt Tage, da muss ich ihm einen Tritt in den Arsch verpassen, sagte Elsa, wegen dem Klunker, oder weil er zu viel Platz einnimmt. Oder einfach so, aus lauter Spaß am Treten. Diese Bewegung, so aus der Hüfte heraus, hat etwas Befreiendes. Sie machte eine kleine Pause.

Es sind immer die abwesenden Dinge, die so viel Platz in meinem Zimmer einnehmen.

Ja, die plötzlichen Zeitsprünge, sagt Elsa jetzt und legt ihre Handschuhe in den Korb bei der Garderobe, kaum zu glauben, dass wir immer noch zusammen sind, Elvis und ich. All die Seelen, die inzwischen irgendwo am Straßenrand liegen geblieben sind. Die man achtlos, ohne Bedauern hinter sich gelassen hat. Man ist einfach weiter marschiert, als wär nichts gewesen. Da liegen sie nun, haben nicht aufgepasst, zu nah an die Fackel ran und schon zerfallen sie zu Staub und Asche.

Welche Fackel?, fragt die Großmutter und hilft ihr aus dem Mantel.

Ich, sagt Elsa, das weißt du doch.

Klar, sagt die Großmutter und führt sie in die Küche, während Elvis in seinem Tarnanzug schon ins Esszimmer geschickt wird, damit er sich in der Küche nicht bekleckert. Beim Kochen stören die Männer nur, besonders wenn sie einen Tarnanzug tragen. Man weiß nie, was ihnen in ihrer Tarnung alles so einfällt.

Elsa schweigt jetzt, die Großmutter schweigt, ein Gewicht legt sich auf die Küche, auf den nackten Vogel und das Kind. Es spürt eine unbestimmte Gefahr. In solchen Situationen kann man vom Schweigen leicht gefressen werden, ohne dass es jemandem auffallen würde.

Ich habe Hunger, sagt es ein bisschen zu laut, und die Großmutter macht sich mit Elsa an die Arbeit. Gemeinsam würzen und stopfen sie den Vogel, als wär's ein Strumpf, mit Apfelstückchen, mit Nüssen und Kräutern, bis er ganz prall ist. Dann wird die Bauchwunde zugenäht und der Vogel in den heißen Ofen geschoben.

Eigentlich ist Elsa Vegetarierin, aber sie macht Ausnahmen. Während des ganzen Jahres isst sie aus Prinzip keine Tiere, obwohl das Fleisch ihr schmeckt. Um trotzdem hie und da in seinen Genuss zu kommen, malt sie auf großen Leinwänden die gebratenen Fleischstücke, an die sie gerade denkt.

Aus dem Plastiksäckchen, das auf dem Küchentisch übrig geblieben ist, nimmt die Großmutter jetzt die Leber, schneidet sie in Stückchen und wirft sie kurz in die Bratpfanne mit einem Stück Butter.

Ein *Amuse-Gueule*, sagt sie und füttert das Kind und Elsa mit der Gabel.

Wenn die Großmutter isst, leuchten ihre Augen. Sie erinnert sich an das große Hotel, wo sie zusammen mit dem Großvater gearbeitet hat, und sie liebt es, dem Kind möglichst viel von ihrem Erfahrungsschatz mitzuteilen. Vom Essen versteht sie etwas.

Essen ist die beste Medizin, wiederholt sie bei jeder Gelegenheit, es hilft gegen alles. Und wenn der Schmelz der Jugend weg ist, soll man sich ans Essen halten. Schon Wilhelm Busch wusste: Wer einen guten Braten macht, hat auch ein gutes Herz.

Wenn sie nachts nicht schlafen kann, weil sie tagsüber eine Schlankheitskur in Angriff genommen hat, dann setzt sie sich heimlich bei Mondschein an den Küchentisch und isst.

Morgen ist auch noch ein Tag, sagt sie zum Kind, wenn es wieder einmal in den Socken des Großvaters an der Küchentür auftaucht mit fragenden Augen, wach geworden und erschrocken über die Leere im Bett neben sich, morgen ist auch noch ein Tag, da kann man von Neuem ein paar Kalorien abspecken. Die laufen einem nicht davon.

Unterdessen hat sie zusammen mit Elsa und dem Kind den Tisch im Esszimmer gedeckt. Heute ist schließlich trotz allem ein Feiertag, da isst man nicht in der Küche. An gewisse Regeln muss man sich halten, sonst wird man haltlos, und die Großmutter hat etwas gegen Haltlosigkeit. Haltlosigkeit kommt kurz vor dem totalen Absturz.

Das Wohnzimmer bleibt vorläufig noch geschlossen. Man weiß ja nie. Vielleicht. Vielleicht hat das Christkind Mitleid mit dem gewöhnlichen Kind und kommt doch noch vorbei. Das Christkind ist ja auch ein Kind, und vielleicht hat es alles gesehen – und verstanden. Was hätte es, ein kleines Mädchen, tun können? Der Fluss war so stark und beinahe wäre es, das gewöhnliche Kind, auch mitgerissen worden. Es hatte gerufen, geschrien, geschrien.

Still und klein, immer kleiner, mit einer verstörenden Selbstverständlichkeit, ohne sich im geringsten zu wehren, war der kleine Bruder einem bleichen Fischlein gleich auf dem funkelnden, wilden Wasser geschaukelt, immer weiter weg, immer kleiner, bis er nur noch ein winziger Fleck war, bis ihn eine Welle ganz und gar zu sich holte.

Wohin geht unser Fluss?, hatte es die Großmutter später einmal gefragt.

Ins Schwarze Meer.

Manchmal schwamm der kleine Bruder mit den Fischen im pechschwarzen Wasser des fernen Meers, oder er ritt auf einer riesigen Regenbogen-Forelle durch die Fluten und trieb sie jauchzend und lachend mit seiner kleinen Gerte an.

Doch der Traum hatte eine Kehrseite. Dann rutschte der kleine Bruder plötzlich vom Buckel der Forelle ins Meer und schrie und schrie, und das Kind erwachte schreiend neben der Großmutter.

Es war sich ganz sicher, es hatte den Sonnenschein der Mutter ausgelöscht und sie in die Finsternis gestoßen. Das konnte niemand verzeihen, auch eine Mutter hatte die Kraft dazu nicht.

Nur eine Großmutter konnte diese Kraft aufbringen.

Der Vogel ist jetzt gar, die Großmutter nimmt ihn aus dem Ofen, prüft die Kruste und legt ihn auf die große Platte auf dem Küchentisch. Sie wird mit allerlei farbigem Gemüse angerichtet und ins Esszimmer getragen. Zu dritt, nein, zu viert setzen sie sich an den weiß gedeckten Tisch. Die Großmutter legt ihren großen Busen auf die Tischplatte, wo er sich zwischen den Ellbogen ausbreitet bis über den Rand des Tellers und nagt den Brustkorb blank, während das Kind versucht, einen Schenkel zwischen die Zähne zu bekommen, und Elsa an einem Flügel knabbert. Sie trägt das T-Shirt mit dem Tiger auf der Brust. Direkt über ihren Brustwarzen liegen die Augen des Tigers, und wenn Elsa den Kopf zum Flügel hinunterbeugt, bewegen sich die Augen des Tigers, als würde er gierig mitfressen.

Elvis verhält sich wie immer mäuschenstill und lässt sich wie ein Kind von Elsa füttern.

Nach dem Essen gehen sie in die Küche, wo die Großmutter aus dem Kühlschrank die Flasche mit dem Rahm holt und einen großen Schluck daraus trinkt, damit alles besser rutscht. Wenn der Vogel rutscht, hat's auch noch Platz für das Dessert.

Der Großvater konnte das Fleisch der Tiere, die er selber geschossen hatte, nicht essen, sagt sie plötzlich und hat wieder diesen Blick, während sie die Teller übereinanderstellt. In der Nacht träumt sie von ihm. Das Kind kann das an den Geräuschen erkennen, die die Großmutter macht im Schlaf. In solchen Nächten ist das Schnarchen leiser und es macht so kleine Hüpfer zwischendrin. Dann weiß das Kind: Er hat sich wieder einmal in ihren Traum geschlichen, kommt vielleicht über den Fluss auf ihre Seite, wo sie zwischen den Felsen steht in ihrem rosa Nachthemd, barfuß mit dem Haarwölkchen im Nacken und ihm die Hände im Traum entgegenstreckt.

Spätestens zum Dessert kamen früher auch der kleine Kasimir und seine Frau. Doch dieses Jahr feiern sie im Altersheim.

Kasimir saß meistens eingesunken im tiefen Sofa zwischen seiner Frau und seiner Verzweiflung, die, wenn seine Schuhe neben ihren riesigen, schwarzen Ballerinas aus Krokodilleder auf den Blumen des Teppichs wie ausgestellt nebeneinanderlagen, noch *skandalöser* wirkte. Diese zwei Paar Schuhe passten irgendwie nicht zueinander. Es war nicht die Größe, es war, wie die Großmutter sagte, die Art, wie sie dalagen, wie die kleinen Schuhspitzen schüchtern nach innen schauten, wogegen die Ballerina-Spitzen mit einer frechen Bewegung den Platz um sich herum reklamierten.

Manchmal, als der Großvater noch da war, kam Kasimir auch allein zu Besuch; dann war er oft guter Laune, sehr guter Laune.

Du hast wieder zu tief ins Glas geschaut, sagte der Großvater und redete auf Kasimir ein, ein bisschen ernst mit dem Mund, ein bisschen belustigt mit den Augen, genauso, wie er manchmal mit dem Kind schimpfte, wenn es etwas angestellt hatte.

Alkohol ist die Kaminfegerbürste für die Seele, krächzte Kasimir, versuchte sogar ein paar Tanzschritte zu machen, stolperte über die roten Lilien am Rande des Teppichs und wäre hingefallen, wäre das Sofa nicht gewesen.

Kaum lag er auf dem Sofa, kroch ihm das Kind kichernd auf den Schoß.

Kaminfegerbürste für die Seele, lallte Kasimir noch einmal und wurde schnell ganz still mit dem Kind auf dem Arm, während dieses darüber nachdachte, wie es möglich ist, zu tief ins Glas zu schauen, und sich fragte, wo die Seele sitzt.

Irgendwo tief drinnen in Kasimir musste sie sein. Mit seiner langen Bürste konnte der Kaminfeger wohl am besten durch den Hals in Kasimir hineinkommen. Den Kaminfeger, den kannte auch das Kind, den schwarzen Mann, der auf der anderen Seite der Straße etwas weiter dorfauswärts wohnte mit seiner schwarzen Bürste, die er zu einer Schnecke zusammengerollt über der Schulter trug. Das Kind malte sich aus, wie der Kaminfeger dem Kasimir die Bürste in den Hals steckte, ganz tief hinein und raus und rein, bis die Seele wieder ganz sauber wäre wie die Kamine, die der Feger sonst putzte.

Kasimir ist klein und dünn, drahtig. Er hat eine dunkle Haut und tiefe Runzeln in seinem Gesicht und er riecht gut. Das Kind war ganz vernarrt in diesen Geruch. War die Frau nicht dabei, lachte Kasimir, wenn das Kind hinter seinem rechten Ohr schnüffelte. Er saß da wie ein König und schaute nicht die ganze Zeit auf seine Schuhe hinunter. Und Chan, der Hund legte sich zufrieden in seiner Nähe hin.

Ja, ja, wir beide, sagte dann Kasimir und löste die dünnen Finger des Kindes nacheinander von seinem Hals.

Für das Kind und den Hund Chan hatte Kasimir viel übrig. Obwohl Chan, der alte Kämpfer, nur noch einen Hoden hatte, behauptete die Großmutter stolz, er sei der Vater sämtlicher Welpen im Dorf. Am Morgen verließ er das Haus und wenn er zurückkehrte, war er so müde, dass er schon einschlief, während er sich noch hinlegte. Und während sich die linke Vorderpfote noch wie in Zeitlupe senkte, begann er schon zu träumen und zu wimmern im Schlaf.

Wovon Hunde träumten, wusste die Großmutter ganz genau. Sie träumten von Würsten, von fetten Braten und von Schnitzeln, von großen Markknochen genau wie die Menschen. Und sie träumten von der Liebe, genau wie die Menschen. Wie die Großmutter.

Mal schauen, ob sich im Wohnzimmer etwas getan hat, sagt die Großmutter, stellt die Rahmflasche wieder in den Kühlschrank und schaukelt den Pudding durch den Korridor in Richtung Wohnzimmer. Elsa öffnet zusammen mit Elvis die Tür. Er setzt sich dorthin, wo sonst Kasimir saß. Im letzten Moment kann Elsa das Kind davon abhalten sich auf Elvis' Schoß zu setzen. Das mag sie gar nicht, es könnte den Tarnanzug beschädigen.

Das Christkind muss doch ein bisschen Mitleid mit dem gewöhnlichen Kind gehabt haben. Es hat den Baum geschmückt und die Kerzen angezündet.

Unter dem Baum hockt im Großformat die heiß ersehnte, schwarze Katze aus dem Märchenbuch, für Großmutter ist die Flasche Eiercognac bestimmt und Elsa schält einen rot-grünen

Klunker aus der Silberfolie, die mit dickem, rotem Wollfaden zusammengehalten wird.

Und Elvis?, fragt das Kind.

Die Großmutter macht langsam die Flasche auf und nimmt gleich einen großen Schluck daraus, bevor sie auch für Elsa, das Kind und für Elvis drei winzige Gläschen auf den Tisch stellt und eingießt.

Elsa gelingt es auch diesmal, dem Augenblick etwas Sternenstaub hinzuzufügen. Sie hüpft in die Ecke zur Musikanlage.

Und dann – und dann beginnt Elvis zu singen. Laut, so schön und laut, dass das Kind einen kleinen Jauchzer von sich gibt. Elsa zieht sich die Pumps aus und tanzt mit dem Kind und der Großmutter ums Sofa herum, in den Korridor hinaus, weiter in die Küche und dort um den Tisch, dann ins Esszimmer, wo noch die Platte mit dem zerfetzten Vogel auf dem Tisch liegt, und wieder zurück durch den Korridor – *Are you lonesome tonight* – und sie zieht das kichernde Kind und die Großmutter hinter sich her, während sie ihre Hüften schwingt und sich im Kreis dreht – *Are you lonesome tonight? Do you miss me tonight? Are you sorry we drifted apart?*

Später, als Elsa und Elvis gegangen sind, setzt sich die Großmutter mit Chan noch ein Weilchen vor den Fernseher.

Es beginnt wieder zu schneien, die Flocken taumeln an den Fensterscheiben herunter, man hört, wie sich draußen auf der Wiese zwei Nachtvögel um die Beute streiten. Die Türe zum Wohnzimmer ist einen Spalt breit offen. Da setzt sich das Kind ganz leise auf den Boden.

Wann warst du am glücklichsten, fragt der Mann im Kasten, und die Frau antwortet: Jetzt. Wann warst du am unglücklichsten, fragt der Mann, und die Frau antwortet: Jetzt.

Durch den Spalt sieht das Kind im blauen Licht den Hinterkopf der Großmutter. Ihr Haar hat sich gelöst und hängt als hellgraues Wölkchen an der Rückenlehne herunter. Das Kind hört, wie die Großmutter mit den Zähnen des Kamms in ihrer Hand spielt, dann legt sie ihn auf den Tisch und schnäuzt sich.

# Alles nur Bluff

Moritz Müller-Schwefe

# Bluff, UT

*Stick your fingers into a socket – you are*
*a Christmas tree, dissociated & spectacular,*
*whose toys are pieces, but they're no Reese's,*
*each is its own genus & its own species.*

Eugene Ostashevsky, *Senselessness for Vvedensky*

Vierter Drehtag. Vor Bluff nehme ich, wie verabredet, die Ausfahrt. Sofort wird die Straße schmaler, auf Highway folgt Freeway, auf Freeway folgen Schlaglöcher. Der Asphalt ist rissig. Über Nacht treibt ihn zu dieser Jahreszeit das Eis auseinander. Es gibt hier sonst kaum etwas zu sehen. Hin und wieder ein Schild des Fastfood-Restaurants, das ich ansteuere. Ein paar dürre Bäume, die dem Blick kaum standhalten. Ein paar Büsche, Gras und Sand. Alles blass, fast durchsichtig. Als hätte hier einer auf Pauspapier gezeichnet. Tempolimit, ich gehe vom Gas. Seit Tagen schon ist der Himmel grau, heute Nacht könnte es schneien. Ich stelle mir fallende Schneeflocken vor und vergesse kurz die Kamera. Am Ortseingang ein Schild. *Bluff, UT*. Dahinter Hütten, Holzhäuser, Straßenlaternen. Keine

Menschen auf den Straßen, keine Autos. Vögel sitzen auf den Strommasten, die im Wind zu schwanken scheinen. Ich passiere einen Supermarkt und ein Motel, werde noch langsamer. Ich lehne mich theatralisch über das Lenkrad und schaue nach dem Restaurant. Finde es am Ortsausgang, gegenüber einer Tankstelle, die immerhin ein wenig Leben verspricht: bei den Zapfsäulen steht ein grauer Pickup. Ein Mann liegt darunter, auf einem Rollboard, und schraubt an irgendetwas herum. Ich blinke, biege ab und parke auf dem dafür vorgesehenen Platz. Die Scheiben des Restaurants sind von innen beschlagen, nein, mit einer Folie beklebt. *International House of Pancakes.*

Als ich aussteige fröstelt es mich. Die Kälte zieht an. Es ist windig. Der missmutige Ausdruck fällt mir nicht schwer. Ein paar Flocken sind bereits in der Luft und wirbeln vor den Scheiben des Restaurants herum. Am Eingang kommt mir eine vierköpfige Familie entgegen. Kinder und Eltern sind stumm, groß, stämmig und bewegen sich langsam. Eines der Kinder hat einen Pappbecher in der Hand. Der Mann hat einen Arm um seine Frau gelegt und schaut zufrieden. Dann schlägt mir die Wärme des Restaurants entgegen. Gleich neben dem Schild, bei dem auf die Bedienung zu warten ist, steht der unwahrscheinlich große Weihnachtsbaum. Er ist nur wenig geschmückt. Ein bisschen Lametta und ein paar weiße Christbaumkugeln. Dazu eine Lichterkette, die noch nicht leuchtet. Hinter und neben dem Baum ist die klassische Einrichtung dieser Art Restaurant zu sehen. Alu, Plastik, Kunstholz, gefliester Boden. Alles sehr sauber. Während ich auf die Bedienung warte, mustere ich die Gäste. Beinahe jeder Tisch ist mit Komparsen belegt. Am Fenster sitzt eine junge Frau mit kurzen blonden Haaren und einem Pullover aus hellblauem Fleece. Sie sitzt allein und sieht aus dem Fenster, das tatsächlich mit einer nicht ganz transparenten Folie beklebt ist, auf der, wenn man genauer hinsieht, Schneeflocken abgebildet sind. Die Folie schluckt das Spiegelbild der jungen Frau. Auch die Kamera fängt ihr Gesicht nicht ein. So sehe ich nur das Haar, den schmalen Hals, die Schultern. Ich frage mich, ob sie beim ersten Take schon an diesem Platz saß oder woanders. Ich frage mich, welche Bestellung sie aufzugeben hat. Ich kann ihr keine Rolle zuordnen. Vor ihr liegt ein Stift, daneben eine Postkarte, deren Motiv ich nicht erkennen kann, weil die andere Seite oben liegt. Sie ist unbeschrieben. Es könnte eine der Werbepostkarten des Restaurants sein.

Weiter vorn an der Fenstertischreihe sitzt sich ein Paar gegenüber und kaut genussvoll. Tatsächlich sieht man an den meisten Tischen nur zwei Personen. An manchen drei. In der Mitte des Raumes aber wurden einige Tische zusammengeschoben, an ihnen sitzen elf, zwölf, dreizehn ältere Damen und Herren, alle faltig, fast alle in grau-, blau-, beigefarbener Funktionskleidung und Abzeichen auf den Ärmeln ihrer Hemden und Jacken. Ausgediente Ranger, probeweise, für die Dauer des Drehs. Ich weiß: sie gefallen sich in ihren Rollen. Sie unterhalten sich lautstark, kämpfen gegen die stimmungsvolle Hintergrundmusik an, die um die Weihnachtszeit vermutlich in jedem dieser Schnellrestaurants gespielt wird. In der Mitte der zusammengeschobenen Tischkonstruktion liegen einige kleine Pakete, schön drapiert. Bunt und mit Schleifen. Die Bedienung kommt mit einem aufgesetzten Strahlen auf mich zu. Sie ist stark geschminkt und trägt auffällig große Ohrringe. Ihr Name ist Gabrielle, ich habe sie schon einmal in einem Spot der Kette gesehen. Sie führt mich zu meinem Platz, einer kleinen Sitznische in der Nähe der Durchreiche. Sie legt die perfekt laminierte Speisekarte vor mir ab und holt einen großen

Plastikbecher voll Wasser und Eis. Aufmerksam studiere ich die Karte, obwohl ich mich schon längst entschieden habe. Dann sehe ich mich um. Die Senioren in der Raummitte haben gerade ihre Pancakes serviert bekommen und gießen aus unnatürlich großer Höhe verschiedene Arten von Sirup über ihnen aus. Zwischen ein paar Hemdsärmeln mit den Abzeichen kann ich die junge Frau erkennen, die mittlerweile zu schreiben scheint. Sie hat den Stift in der linken Hand, hält den Kopf schräg und fixiert mit der Rechten die Postkarte. Sie scheint vollkommen abwesend. In meiner unmittelbaren Umgebung sitzt ein bärtiger Mann mit Kappe, der eigentlich für die Produktionsfirma arbeitet, und ein Pärchen, das sich über den Tisch hinweg glücklich an den Händen hält. Vor ihnen stehen leere Teller und große Kaffeetassen mit Sahnehauben. Gabrielle hat inzwischen bemerkt, dass ich statt der Karte die Gäste studiere und nähert sich meinem Tisch. Sie nickt, als sie meine Bestellung entgegennimmt, und fragt, ob auch ich einen Weihnachtscoupon einlösen möchte. Ich schüttele den Kopf und sie lächelt breit, bevor sie mir und der Kamera die Vorzüge des Coupons erklärt und sich abwendet. Vor der Durchreiche tippt sie meine Bestellung auf einen sehr modern aussehenden Schirm, den es sicher noch nicht in jedem Restaurant der Kette gibt, und verschwindet für einen kurzen Moment dorthin, wo der Zuschauer die Küche vermuten soll.

Inzwischen wird es draußen dunkler. Die ersten Straßenlaternen gehen an. Gefühlt sehr lange blicke ich aus dem Fenster, das Gesicht weiterhin verschlossen. Mann in den Vierzigern, einsam, steht im Skript. Die Rolle liegt mir, weiß ich. Irgendwo blinkt eine grelle Lichterkette. Von der Tankstelle auf der anderen Straßenseite geht nur wenig Licht aus, die Zapfsäulen und den grauen Pickup kann ich bloß erahnen.

Im Licht der Laternen treten die geklebten Schneeflocken jetzt deutlicher hervor. Eindringlich mustere ich die verschiedenen bunten Flaschen, die Gabrielle eben auf dem Tisch abgestellt hat, ein Schwenk: Schokoladensauce, Erdbeer-, Blaubeer- und Ahornsirup, der allerdings laut Etikett nur Classic heißt – oder heißen darf. Ich tue so, als hätte mich plötzlich der Hunger übermannt und sehe zur Durchreiche. Ich fokussiere: ab und an werden Teller hindurchgeschoben, manchmal Tassen. Inzwischen weiß ich, im *International House of Pancakes* serviert man 5er, 10er oder 20er Stapel, mit Sahne, Butter und auf Wunsch auch mit heißen Himbeeren und anderen Früchten. Dreimal im Jahr gibt es für ein paar Wochen *all you can eat* für wenig Geld. Das weiß ich jetzt auch: Zu Weihnachten stellt die Kette Weihnachtscoupons zum Download zur Verfügung, man bekommt einen gratis Milchkaffee mit Nusssirup, Sahne und Schokoladenstreuseln, wenn man einen dieser Coupons einlöst. Stichwort. Ich sehe missmutig auf mein Smartphone, tippe gelangweilt darauf herum. Ich lege mein Gesicht in Falten. Ich stelle meinen Hunger zur Schau. Sofort wird serviert. Gabrielle stellt einen Berg aus Pfannkuchen vor mir ab, liest mir die Wunschlosigkeit von den Lippen ab, wünscht mir mit einem Strahlen so etwas wie guten Appetit und nennt mir den Inhalt der vier Flaschen, die ich vorhin bereits studiert habe. Ich greife zu Classic und lasse das braune Sirupimitat, ähnlich wie die Senioren, aus großer Höhe über den Teig laufen. Eine Kugel Butter zergeht auf dem Pfannkuchendach und vermischt sich mit der zähen Flüssigkeit. *Frohe Weihnachten* und *Enjoy your meal* wünscht die Serviette.

In der Pause stehe ich beim Wagen des Catering-Unternehmens und drehe mir eine Zigarette. Der Wagen und ich sind von beinahe kompletter Dunkelheit umhüllt, obwohl es gerade einmal vier Uhr ist. Ich unterhalte mich mit der Maskenbildnerin, während sie mein Gesicht checkt. Es ist Januar und immer noch bitterkalt. Geschneit hat es trotzdem schon seit Tagen nicht. Eine Stunde schon blasen die Schneekanonen deswegen jetzt Weiß auf das Schnellrestaurant, den Parkplatz, die Autos, die Straße. Immerhin, der Kunstschnee bleibt liegen. Die Frau des Catering-Unternehmens reicht mir einen Plastikbecher über die Theke. Der Kaffee dampft und wärmt zumindest die zigarettenlose Hand. Eigentlich hätten wir hier längst fertig sein sollen, doch das Wetter hat uns im Stich gelassen. Kein Schnee in Utah. Im Januar. Unvorstellbar. Zwei Tage haben wir auf die Schneekanonen gewartet, die jetzt endlich ihren Dienst tun. Immerhin: langsam, sehr langsam verschwinden Asphalt, Restaurant und Autos unter einer feinen Schneedecke. Und mit ihnen praktisch der ganze Ort, den es nur aufgrund einer bürokratischen Behelfslösung gibt. In der ganzen Region um Bluff leben so wenige Menschen, dass man sie einst für eine Volkszählung einfach unter diesem Namen zusammengefasst hat. Das Restaurant ist jetzt so etwas wie ihr Mittelpunkt. Und bald nicht mehr zu sehen unter all dem Kunstschnee. Die Maskenbildnerin pudert nach. Holt die Blässe zurück, die durch Entspannung, Zigarette und Kaffee verloren gegangen ist. Dann zupft sie ein paar Minuten an meinen Haaren herum. Als sie fertig ist reiche ich die Zigarette rüber, doch sie schüttelt den Kopf. Wir schweigen. Allein das Dröhnen der Schneekanonen ist noch zu hören. Mir wird kalt, ich will ins Warme.

Als ich von meinem Teller aufschaue, sehe ich gerade noch, wie mein Tischnachbar, der bärtige Mann mit Kappe, der eigentlich für die Produktionsfirma und nicht als Komparse arbeitet, das

Restaurant verlässt. Durch den Schnee, der jetzt auch hinter der Folie fällt, läuft er zu seinem Wagen, in dem er kurz darauf verschwindet. In der Dunkelheit reflektiert die dünne weiße Schicht auf Asphalt und Autos das schwache Licht der Straßenlaternen. Der graue Pickup, der vor der Tankstelle stand, ist nicht mehr da und auch der Mann auf dem Rollboard ist nicht mehr zu sehen. Das Pärchen neben mir hat inzwischen den Couponkaffee getrunken und studiert noch einmal die Karte. Die junge Frau im blauen Fleece-Pullover ist verschwunden. Von der Kamera unbemerkt, bleibt mein Blick kurz an ihrem jetzt leeren Platz am Fenster hängen. Dann steht Gabrielle vor mir und fragt, ob es mir geschmeckt hat. Ich bemühe ein gewinnendes Lächeln und nicke. Mit einer ausladenden Geste greife ich nach der laminierten Speisekarte und bestelle eine *Original Schweizer Heiße Schokolade* mit Sahne und Schokoladenstreuseln. Ich spreche das sehr deutlich aus. Ich halte das Lächeln und sie zeigt ihres. Nachgeweißte Zähne. Gute Wahl, sagt sie dann etwas zu schnell, greift nach dem Teller und kehrt mit ihm im Fokus der Kamera zur Durchreiche zurück. Dort beginnt sie erneut zu tippen und unterhält sich anschließend mit einer jungen Kollegin, bis ein weiterer Gast das Restaurant betritt. Auf der Wollmütze und Jeansjacke des älteren Herrn sind einen Moment lang noch ein paar Schneeflocken zu erkennen, bevor sie schmelzen. Sein Gesicht ist eingefallen, die Wangenknochen treten markant hervor. Die Augen strahlen, seit er den Weihnachtsbaum gesehen hat. Auf Knopfdruck, er kann das gut. Gabrielles Kollegin führt ihn zu dem Platz am Fenster, wo bis vor wenigen Augenblicken noch die junge Frau gesessen haben muss. Ich habe ihren Aufbruch verpasst. Stand das im Skript? Mein Blick wandert wieder in die Mitte des Raumes. Denn dort beschenken sich die Ex-Ranger gerade lautstark mit den kleinen bunten Paketen, die sie die ganze Zeit über vor sich liegen hatten. Sie tun sehr gerührt. Eine der Damen reckt einen Reisefön in die Luft, ihr Sitznachbar checkt das Cover irgendeines Pocketguides. Fast alle sind mit ihren Paketen und deren Inhalt beschäftigt. Sie machen glucksende Geräusche, lachen und prosten sich mit den großen Kaffeetassen zu. Einige der Gäste sehen zu ihnen herüber und wünschen Frohe Weihnachten. Die Senioren danken und fragen, ob man sich nicht dazusetzen möchte. So wächst die Gruppe, bald wird ein weiterer Tisch herangebracht. Es wird noch lauter, noch fröhlicher. Die vor sich hin spielende Weihnachtsmusik ist kaum noch zu hören, auch weil sie inzwischen leiser geregelt wurde. Dann schaltet Gabrielle die Lichterkette des Baums an und macht alle, inklusive Kamera, darauf aufmerksam. Es wird geraunt, die Ranger und ihre neuen Sitznachbarn bewundern die Christbaumkugeln. Neben der immergrünen Plastiktanne finden sich jetzt auch Gabrielles Kolleginnen ein. Sie alle tragen rot-weiße Weihnachtsmannmützen und fangen, einmal in Formation, unvermittelt an zu singen. Der alte Mann am Fenster, der sich der Gruppe nicht angeschlossen hat, sondern allein auf sein deftiges Dinner wartet (ich weiß jetzt: das soll man hier auch bestellen können), sieht mit glasigen Augen zum Chor. Dirigiert dann in Nahaufnahme mit einer Hand mit, stimmt schließlich ein – und mit ihm die Ranger, die anderen Gäste. Stille Nacht, heilige Nacht. Es dröhnt und klingt. Es wird warm. Die Backen sind rot. Allen ist die Freude anzusehen. Der alte Mann stolpert in die Mitte des Restaurants, ihm wird ein Arm um die Schulter gelegt. Alle singen jetzt. Die Kamera schwenkt. Man schaut zu mir herüber. Ich bemühe noch einmal mein gewinnendes Lächeln. Ich stehe auf. Ich sehe die Postkarte auf dem Tisch, an dem die junge Frau im blauen

Fleece saß. Sie ist beschrieben. Sie hat sie liegen lassen. Ich tue etwas Unüberlegtes. Laufe, doch in die falsche Richtung. Höre Stimmen. Gemurmel. Ein Ruf. Schnitt.

*Antonia Baum*

# Wann ist es denn so weit

Die Gesellschaft war bereits beim zweiten Gang (Dorade Sashimi, chinesische Keule und Apfel) der insgesamt acht Gänge angekommen, und es war noch nichts passiert, wenn man davon absieht, dass der Kellner schwarz war und ihm eine Fingerkuppe an der rechten Hand fehlte. Beides war unkommentiert geblieben, wenngleich es keinem der vier Essens-Teilnehmer entgangen war. Die Anwesenden hatten sich an jenem Abend im Dezember getroffen, weil der ältere Mann (Professor Nowack) den jüngeren Mann (Dr. Neuer) in der Privatklinik, der Nowack vorstand, zum leitenden Oberarzt der Abteilung für Neurologie gemacht hatte. Beide Ärzte fanden sich ausgesprochen sympathisch, das heißt einander, aber auch und vor allem fanden sie sich selbst sympathisch. Beide Ärzte hatten ihre Frauen mitgebracht, denen es grundsätzlich ähnlich ging, wobei sich das Interesse Angelika Nowacks an der Frau von Neuer doch in Grenzen hielt. Angelika Nowack war in zweiter Ehe mit Professor Nowack verheiratet und stattete Innenräume mit ausschließlich fair gehandelten Möbeln und Materialien aus, weswegen sie regelmäßig in Lifestyle-Magazinen abgebildet war. Außerdem führte sie einen beliebten Concept Store, in dem es, ebenfalls ausschließlich fair gehandelte, Dinge zu kaufen gab, *die das Leben schöner machen.* Dazu gehörten zum Beispiel Gewürze, Öle, Seifen und Parfums, die so unbekannt und teuer waren, dass sie die Kunden sofort überzeugten. Mana Neuer erschien dagegen, zumindest was ihre Tätigkeit betraf, etwas blass, aber sie war sehr hübsch und erwartete zudem ein Kind und das war, wenigstens mittelfristig, auch in Ordnung. Sie war die Tochter eines persischen Arztes und einer deutschen Hausfrau und kurz vor dem Abschluss ihres Masters in Europäische Studien, als sie schwanger wurde, und nun war sie hochschwanger.

Es war also noch nichts passiert. Zwar langweilte sich Mana Neuer ein wenig, weil der Professor, dessen Frau und ihr Mann aus Gründen, die ihr nicht klar waren, eine irgendwie undurchdringliche Gesprächssituation (es ging um ein Mahler-Konzert) bildeten, die wie eine Glocke über ihnen hing, aber Mana Neuer wusste sich zu helfen. Sie betrachtete ihre am Vortag für 69 Euro manikürten Fingernägel und war mit dem Ergebnis vollkommen einverstanden. Sie träumte davon, eine Zigarette zu rauchen und sie bemühte sich, wie sie sich immer bemühte und lächelte. Aus der Gesprächsglocke drang engagiertes Lachen und flatterte davon wie aufgescheuchte Vögel. In diesem Moment trat der schwarze Kellner mit der fehlenden Fingerkuppe an den Tisch heran, lächelte und schenkte den Wein ein, der zu dem nächsten Gang (Entenklein, schwarzer Trüffel und Haselnuss) serviert wurde. Er war kein Schwarzer, wie man ihn aus amerikanischen Serien oder der Politik kannte, sondern schwärzer, afrikanischer, ärmer, dachte Neuer, als er sich etwas zu freundlich bei dem Kellner bedankte, einmal zu oft nickte, lächelte und wieder nickte. Dabei fiel Neuer auf, dass über der Lippe des Kellners ein großer Tropfen Flüssigkeit zitterte, der aus der Nase gelaufen sein musste und der, bei genauerem Hinsehen, aussah wie Blut. Dickes, schweres Blut, zu schwer, um dort zu bleiben wo er war, obszön, anstößig, ansteckende Krankheiten, fühlte Neuer mehr, als dass er es dachte. »Thank you, vielen, vielen Dank!«, sagte nun Nowack überschwänglich und nickte dem Kellner zu. Angelika Nowack warf ihrem Mann daraufhin einen strengen Blick zu, weil sie wusste, dass es sich nicht gehörte mit einem Schwarzen Englisch zu reden, nur weil er schwarz war. Nowack guckte erschrocken. Sein Kopf war ein wenig gerötet und er öffnete den obersten Knopf seines Hemdes. Als er den Tropfen über der Lippe entdeckte, kniff er die Augen zusammen und bedankte sich ein weiteres Mal bei dem Kellner für das Servieren des Weins, denn er wollte vermeiden, dass hier ein irgendwie falscher Eindruck entstand. Nowack sah dann auf seinen Teller und hoffte vor allem, dass der Tropfen da bleiben würde, wo er war. Angelika Nowack fuhr sich lächelnd durch die blonden Haare und legte dem Kellner eine Hand auf den Arm, weil sie zeigen wollte, dass sie gegen die Benachteiligung schwarzer Menschen war und keine Berührungsängste hatte. Die Hand auf dem Arm des Kellners wirkte deplatziert, dennoch empfanden die Anwesenden diese Geste gewissenserleichternd und hielten sie für ein gutes Signal. Angelika Nowack bedankte sich ebenfalls mehrfach für den Wein und zwang sich, ihre Hand nicht ruckartig wegzuziehen, als auch sie den Tropfen sah, der dem Kellner nun über die Lippen lief, der eine Hand vorschriftsmäßig auf dem Rücken liegen hatte, mit der anderen die Weinflasche hielt. »Ich hoffe, es ist recht so«, sagte er und wollte noch warten, bis die Gäste den Wein probiert hatten, aber sie nickten so heftig und machten ein Gesicht als litten sie eine Not, dass er ebenfalls nickte und sich schnell umdrehte. Aber Neuer fand, dass er eindeutig zu lange stehen geblieben war und auf merkwürdige Weise gestarrt hatte, so als sei er neidisch und wolle sich dazu setzen. Es war ihm jedoch nicht klar, was er da gerade dachte, sah, das Weinglas schwenkend, in die tiefrote Flüssigkeit und steckte prüfend die Nase ins Glas. Die Einzige, die von dem Tropfen nichts mitbekommen hatte, war Mana Neuer, die immer nur auf die Weingläser gestarrt und gedacht hatte, dass Wein ihr jetzt helfen würde. Professor Nowack räusperte sich und dachte, dass es doch irgendwie unpassend sei, einen Schwarzen, einen derart Schwarzen in einem derart noblen Restaurant zu beschäftigen, womit man sich doch sofort an die Sklavenzeit erinnert fühlte, was bei den Gästen zu Unbehagen führen musste, aber er war nicht ganz sicher, ob dieser Gedanke gut war, dass man ihn nicht äußern sollte, das wusste er.

Die Weintrinker stießen an, Mana Neuer erhob lächelnd ihr Wasserglas. Angelika Nowack wandte sich den Männern zu, die sich über die gute Qualität des Weines verständigten. Es entstand dann eine kurze Stille, in die hinein Angelika Nowack ihre Absicht erklärte, die Gründung einer Flüchtlingsagentur zu unterstützen (»Be-good«), was ein bisschen so klang, als gebe sie eine Pressekonferenz. Es handele sich bei der Agentur um eine Gruppe von Menschen aus *Medien, Kultur und Marketing, die ihre Fähigkeiten und Netzwerke zur Unterstützung der Flüchtlingshilfe einsetzt, mit dem Ziel, dass aus Gästen gute Nachbarn werden.* Die Männer nickten sofort überzeugt, auch Mana Neuer nickte und sagte gedankenverloren und um auch etwas zu diesem wichtigen Thema beigetragen zu haben: »Gerade jetzt vor Weihnachten ist das eine gute Idee.« Sie erschrak und ärgerte sich über die offenkundige Einfältigkeit ihres Kommentars, dem jedoch keine Beachtung geschenkt wurde. Angelika Nowack bemühte sich aus Freude über den Zuspruch weiterhin um Ernsthaftigkeit. Sie korrigierte ihre Sitzposition und verschränkte die Hände ineinander. Ob es nicht denkbar wäre, begann sie, in der Privatklinik eine Flüchtlingssprechstunde einzuführen. Beide Männer fingen sofort an zu nicken, wobei Neuer immer langsamer nickte, als ihm auffiel, dass er darüber überhaupt nicht entscheiden durfte. Mana Neuer, die auch genickt hatte, passte ihr Nicken an das Tempo ihres Mannes an. Sie schämte sich kurz, besann sich aber, als sie sich daran erinnerte, dass das, was sie tat oder ließ an diesem Abend ohnehin keine besondere Rolle zu spielen schien. Nowack fuhr sich über das Kinn und sah nachdenklich über den Tisch hinweg ins Leere. Ja, natürlich, eine Flüchtlingssprechstunde. Es wurden Sätze gesagt: ... Regierung und Staat damit ganz einfach überfordert ... Pflicht zu helfen ... was das Wort *Willkommenskultur* praktisch umgesetzt bedeutet ... selber anpacken ... Zeichen gegen Fremdenhass ... Deutschland ist nicht so, wir sind auch so ... Gutmenschentum, ein Zynismus, dieses Wort ... Rechtsextremisten sollte man ausweisen ... Bereicherung, die fremde Kulturen auch bedeuten ... toll, wirklich ganz toll ... denn noch nie, so erklärte Angelika Nowack, habe sie derart *dankbare, gute Menschenaugenpaare* gesehen, wie die der geladenen Flüchtlinge auf dem Charity-Konzert ihrer Freundin Ina, der Leiterin der Philharmonie. Nowack versprach, das Projekt Flüchtlingssprechstunde bei nächster Gelegenheit *anzuschieben* und signalisierte Neuer mit einem festen Blick, dass er dabei mit seiner Unterstützung rechne, der seinerseits so entschlossen er konnte zurückblickte.

Die Teller waren inzwischen leer, für einen Moment waren weder Worte noch das Geklapper des Bestecks zu hören. Angelika Nowack sah auf ihr Telefon und schrieb eine Nachricht. Die Männer lächelten sich stumm an. Nowack sah zu Mana Neuer herüber, die ihren Ehering betrachtete und daran herumspielte. »Wann ist es denn soweit?«, fragte er. Er hatte sie das bereits bei der Begrüßung vor dem Eingang des Restaurants gefragt, dann ein weiteres Mal, als er ihr wenig später aus dem Mantel geholfen hatte und vor drei Wochen, als sie sich in der Klinik begegnet waren, auch. Mana Neuer lächelte, räusperte sich, weil sie so lange nicht gesprochen hatte und entgegnete: »Anfang Januar ist der errechnete Termin.« Neuer streichelte die Hand seiner Frau, alle lächelten, auch Angelika Nowack hinter ihrem Telefon lächelte, und Nowack grub in seinem Kopf nach einer weiteren, passenden Frage zum Thema Schwangerschaft. Glücklicherweise kam in diesem Augenblick der Kellner an den Tisch, um den Wein für den nächsten Gang (Spanferkel, Dashi und Ingwer) zu servieren. Der Tropfen befand sich inzwischen nicht mehr auf seiner Lippe, sondern einige Zentimeter rechts der Knopfleiste seines weißen Hemdes, wo er sich zu einem irgendwie unordentlichen und schmutzigen, jedenfalls dunkelroten Oval entwickelt hatte, wie Neuer sofort registrierte. Dem Kellner standen Schweißperlen auf der Stirn und das Weiß seiner Augen hatte eine merkwürdig gelbe Färbung angenommen. Nowack fühlte sich plötzlich gestört, so, wie man sich von dem Summen einer Fliege gestört fühlt, noch bevor man ihre Anwesenheit registriert hat und ihm fiel unwillkürlich eine Dokumentation über Voodoo-Zauber in Nigeria ein, die er kürzlich gesehen hatte. Der Kellner begann die Eigenschaften des Rotweins zu erklären und schenkte zunächst Nowack ein, dann ging er um den Tisch herum zu Mana Neuer. Dabei stolperte er über ihre Handtasche, die unbemerkt vom Stuhl gefallen war, als Mana Neuer sich während des Gespräches über die Flüchtlingssprechstunde die Lippen nachgezogen hatte. Der Kellner fing sich, stützte sich mit der freien Hand auf die

Stuhllehne Mana Neuers, in der anderen hielt er den Wein. Er konnte aber nicht verhindern, dass ein großer Schluck Wein auf Mana Neuers weiße Bluse schwappte, die kurz aufschrie. »Ist nicht schlimm, macht nichts!«, rief Angelika Nowack eilig in die Aufregung. »Alles in Ordnung, Schatz?«, erkundigte sich Neuer bei seiner Frau. »Alles in Ordnung?«, fragte auch Nowack. Der Kellner murmelte Entschuldigungen und fasste sich an den Kopf. »Ich komme für die Reinigung auf«, sagte er, »es ist mir schrecklich peinlich.« Neuer nickte, versicherte eilig, dass das »nicht schlimm und alles in Ordnung« sei. Unter seinem sozialen Konventions-Apparat aber ärgerte er sich, er hatte von Beginn an das Gefühl gehabt, dass der Kellner seine Frau anstarrte, dass er ihr auf die Brüste geguckt hatte, die er jetzt mit Rotwein übergossen hatte.

Mana Neuer saß lächelnd auf ihrem Platz. Es war aber nicht das Lächeln, das sie den gesamten Abend über gezeigt hatte. Nein, sie freute sich, ohne genau zu wissen worüber. Sie stand schwungvoll auf, nahm ihre Handtasche und wollte zur Toilette gehen. Angelika Nowack lächelte ihr zu und erkundigte sich, um gute Stimmung zu machen, bei Mana Neuer, wann es denn nun eigentlich so weit sei. Mana Neuer zögerte einen Augenblick mit der Antwort, fast hätte sie lachen müssen, aber sie fing sich und sagte: »Anfang Januar ist der errechnete Termin.« Mana Neuer verschwand, der Kellner entschuldigte sich und machte sich auf den Weg, um ein frisches Tischtuch zu holen. »Ist nicht schlimm, das bekommt man problemlos wieder raus«, betonte Angelika Nowack ein weiteres Mal und strich dem Kellner über den Arm, als er wegging.

Mana Neuer war noch immer nicht von der Toilette zurückgekommen, als der Kellner, der inzwischen ein neues Tischtuch aufgelegt hatte, den nächsten Gang servieren wollte. In der Zwischenzeit war alles zwar etwas hektisch, aber regelrecht verlaufen, thematisiert worden waren eine Kunstausstellung (phantastisch, augenöffnend), die Vorteile vegetarischer Ernährung (alle an und für sich dafür) und die Bebauungspläne reicher Investoren für eine große Grünfläche in der Mitte der Stadt (alle dagegen).

Was dann passierte, passierte so schnell, dass danach keiner sagen konnte, wie es genau passiert war. Als der Kellner sich anschickte, das Spanferkel zu servieren, flog das für Nowack bestimmte Stück Nowack vom Teller auf den Schoß. Nowack sprang auf und traf dabei mit seinem Hinterkopf den sich nach unten beugenden Kellner, der versucht hatte, das Spanferkelstück durch eine schnelle Vorwärtsbewegung seines Körpers einzufangen, am Nasenbein. Dieser war durch den Schlag aus dem Gleichgewicht geraten. Sein Oberkörper lag nun auf dem Tisch, von dem auch Angelika Nowack und Neuer aufgesprungen waren. Nowack ging einige Schritte zurück und dachte an die Terroranschläge von Paris. Der Kellner richtete sich langsam auf. Er blutete heftig aus der Nase und stöhnte. Angelika Nowack fragte sich, ob es sich bei dem heutigen Abend möglicherweise um eine Kunstperformance handelte. Sie blieb regungslos stehen, noch unentschlossen, ob sie jetzt lachen und damit für einen reibungslosen Fortgang sorgen, oder doch besser schreien sollte. Neuer, der ebenfalls einige Schritte Abstand zum Tisch genommen hatte, guckte, ebenfalls regungslos, in den exponierten Schritt des Kellners, den er, im Laufe des Abends mehrfach versucht hatte zu taxieren, was ihm aber nicht gelungen war und den er gerne und in diesem Augenblick getreten hätte, bis nichts mehr davon übrig gewesen wäre, weil ihn die Schwäche und Versehrtheit des Kellners, so wie sie sich da aktuell auf dem Tisch zeigte, noch mehr provozierte. Er fragte sich außerdem, wo eigentlich seine Frau blieb. Und er versicherte sich, dass er, wenn es an diesem Abend seine Aufgabe gewesen wäre, die Rechnung zu bezahlen – wovon er nicht ausging, denn Nowack hatte die Einladung ausgesprochen – keinen Cent bezahlt hätte, wirklich keinen Cent.

Das Personal des Restaurants war auf den Vorfall aufmerksam geworden und herbeigeeilt. Jemand entschuldigte sich bei den Gästen, eine Kellnerin half dem Kellner auf. Gleichzeitig erklang ein unerträglich hohes Piepen von irgendwoher, das zunächst niemand eindeutig zuordnen konnte und wenige Sekunden später tauchte Mana Neuer neben ihrem Mann auf. Sie zog ihn heftig am Arm und erklärte ihm eilig flüsternd, dass er keine Fragen stellen dürfe, auch in seinem Interesse, dass sie aber jetzt sofort gehen müssten, sofort. Neuer war der Ort ohnehin nicht mehr angenehm, außerdem fürchtete er um seinen Ruf und konnte nicht anders, als seiner Frau zu glauben, deren Gesichtsausdruck wirklich alarmiert aussah. Mana Neuer lief eilig zum Ausgang, Neuer rief Nowack zu: Notfall, schwanger, melde mich telefonisch.

Im Auto gestand Mana Neuer ihrem Mann weinend, dass sie auf der Toilette geraucht habe, blöderweise aber nicht auf den Rauchmelder geachtet und so den Alarm ausgelöst habe. Für die Frau eines Arztes war das besonders peinlich, fand Neuer. Er fuhr zu schnell und rief, dass er sie nie wieder zu einem Essen mit den Nowacks mitnehmen werde und dass er dieses Restaurant nie mehr betreten werde, schon gar nicht mit ihr. Er zog es aber dann für den Rest der Autofahrt vor, über den Kellner zu schimpfen und darüber wie »sehr ihm das hier alles auf den Sack« gehe. Tatsächlich trafen sich die vier nie wieder.

*Imran Ayata*

# Tunneltourette

Jetzt waren alle weg. Anna hätte doch bleiben können. Plötzlich hatte sie Pläne. So aus dem Nichts.

Habe alles erledigt. Alle To-dos abgearbeitet. Allen Kunden und Partnern besinnliche Tage gewünscht. Alle ungelesenen Mails gelöscht. Alle Lieblingsblogs besucht. Alle Artikel auf der SPON-Startseite überflogen. Alle Facebook-Spiele-Anfragen gelöscht.

Hätte endlich los sollen. Wusste aber nicht, wohin. Nach Hause wollte ich nicht, so allein. Da war ich lieber im Büro. Ins Gym konnte ich nicht. Knöchel verstaucht, außerdem PMS. Alles nicht erfreulich, irgendwie.

Habe Aufgabenliste für den Januar erstellt. Steht nicht viel drauf. Wie auch? Meine Klienten schwirren zwischen den Jahren aus. Sie wollen dann nichts von mir wissen. Jürgen fliegt auf die Malediven. Lars wandert in Spanien. Nora holt sich Inspiration in Tokio. Hatte sie mal dorthin begleitet. Fand ich nicht so nice. Kirschblütenfest, sehr überbewertet. Danke, nicht so meins.

Arbeitsplatz picobello aufgeräumt. Boah, sah der gut aus. Auf der Tischplatte nur das Notwendigste. Tastatur, Maus und

Monitor in symmetrischer Ordnung. Das grenzte an Kunst. Die Schubladen kontrolliert. Sehr viel mutig weggeschmissen. Was man braucht, hat man bei sich. Alles andere ist Zugabe. Aus der Küche eine blaue Mülltüte geholt. Den Mülleimer darin geleert. Den letzten Müll in den Container im Hof gebracht. Dort eine Zigarette in der Dezemberkälte geraucht. Gezittert, gefroren und ständig auf das Smartphone geglotzt. Kein Licht in den Büros. Die Parkplätze verwaist.

Dann wieder zurück an den Arbeitsplatz. Nochmals E-Mails gecheckt. Alle drei Accounts. Keine neue Mail. Nicht einmal Werbung oder Spam. Hätte sogar Mr. Chin gern gelesen. »Ich biete Millionengeschäft für Sie.« Ach, Mr. Chin, Sie schreiben doch sonst immer ...

Am Morgen hatte ich Mama angerufen. An Weihnachten ist sie immer sehr traurig. Denkt an Vater. Dass er ausgerechnet am 24. Dezember sterben musste. Seit vier Jahren ist Heiligabend Todestag. Haben lange telefoniert. Bestimmt über fünf Minuten. So lange sprechen wir sonst fast nie.

Wie geht's dir?

Welches Wetter habt ihr?

Hast Du von Alex etwas gehört?

Dann ging es ausnahmsweise weiter. Ich habe gefragt, Mama hat geantwortet. Wollte, dass sie die eine Frage stellt: Kommst du an Weihnachten?

Viel zu tun, weißt du ja, Mama.

So viel um die Ohren, Mama. Das hört gar nicht auf.

Weihnachten zuhause mit dir, nichts wäre mir lieber.

So etwas in der Art hätte ich erfunden. Nicht gefragt worden zu sein, das hatte weh getan.

Ist noch was, wollte sie wissen.

Nein, alles gut, hatte ich versichert.

Nach unserem Telefonat musste ich plötzlich weinen. Wie ein Kleinkind. Fühlte mich elendig einsam.

Stunden später war ich noch immer traurig. Vielleicht nannte man das Gefühl Wut. Beschloss, noch eine zu rauchen. Nicht im Hof, sondern im Büro. Stört doch niemanden. Bis zum 5. Januar ist der Zigarettengestank verzogen. Auf YouTube seltene Bowie-Clips suchen? Keine Aussicht auf Erfolg. Warum sollte jemand an Weihnachten eins hochladen?

Drückte die Zigarette im Waschbecken aus. Spülte die Restasche in den Abfluss. Den Zigarettenstummel wickelte ich in ein Papiertaschentuch. Steckte es in die Hosentasche. Keine Spuren hinterlassen. Besser ist das.

Dann passierte es doch. Verließ endlich das Büro.

Ein leichter Regen hatte eingesetzt. Nieselregen an Weihnachten. Wie absurd. Andererseits, Regen im Dezember ist nichts Besonderes. Eher Schnee. Was kümmert mich das Wetter. Bin doch nicht meine Mutter.

Suchte auf der App nach einem Leihwagen. Das nächste verfügbare Auto war 900 Meter entfernt. 12 Minuten Fußweg, behauptete die App. Sie wusste nichts von meiner Knöchelverletzung.

Eine größere Menschenmenge gegenüber im Hof. Was war denn da los? Überquerte die Straße. Musste nicht einmal rechts und links schauen. Sonst ist diese Durchgangsstraße sehr befahren. Jede Überquerung gleicht einer Mutprobe. Für mich zumindest. Will nicht für andere sprechen.

Der Blick auf den Hof war mir vertraut. Von meinem Arbeitsplatz schaute ich darauf. Auch auf das merkwürdige Gebäude dahinter. Ein verlassenes Gemeindezentrum, hatte ich vermutet. Richtig darüber nachgedacht hatte ich nicht. War ja auch nicht wichtig. Kann mir nicht über alles Gedanken machen.

Hab genug auf der Platte. Mein Job fordert mich. Immer und überall. Achim meint, ich sei ein Durchstarter. Würde meinen Weg machen. Ganz bestimmt. Mehr Gehalt wollte mein Chef mir trotzdem nicht zahlen. Zu schnell zu viel Patte, das sei eine Karrierebremse. So klang das, wenn Achim aus Bochum mir die Welt erklärte.

Im Hof angekommen, lief mir ein fremder Mann entgegen. Er strahlte religiös. Kam mir so vor. Er streckte mir die Hand entgegen.

Willkommen. Sind Sie alleine?

Nee, es kommen noch einige Freunde, hätte ich antworten sollen. Den Witz hätte er vermutlich nicht verstanden. Der Typ verwickelte mich in ein Gespräch. Über Christus, Weihnachten, was eben am 24. Dezember angesagt ist. Er hatte auch noch eine sanfte Stimme. Hörte ihm zu. Stellte unbeteiligt Fragen. Warum auch immer. Während er redete, dachte ich darüber nach, woher er wohl ist.

Sein Name sei Endravus, sagte er. Ein Deutscher war der nicht. Das sah ich. Ein bisschen hörte ich es auch heraus. Sein Deutsch war gut. Das war es nicht. Aber er sprach mit Akzent. Seinen Namen hatte ich noch nie gehört. Georgier? Lette? Israeli? Keine Ahnung.

Endravus sagte, er sei aus der Türkei. Ich lachte los. Das war mir gleich peinlich. Konnte es mir nicht erklären. Kam mir provinziell, Achim-Bochum-mäßig, vor. Entschuldigte mich mehrfach. Endravus lächelte nur.

Vielleicht hasste er mich für mein arrogantes Lachen.

Vielleicht widerte ihn meine Ignoranz an.

Vielleicht nahm er mich nicht ernst.

Vielleicht bemitleidete er mich.

Vielleicht durchschaute er die Situation.

Vielleicht dachte er nur: blonde Tussi.

Das Gebäude war ein Blickfang gewesen. Nicht der Hof. Hin und wieder waren dort Menschen aufgetaucht. Mir fiel auf, dass sie anders gekleidet waren. Anders als ich und meine Kollegen. Die Anzüge der Männer wirkten immer zu groß. Kein Slim fit, eher Kartoffelsack oder so. Wie waren die Frauen angezogen? Kamen sie überhaupt hierhin?

Weil wir von der syrisch-orthodoxen Kirche von Antiochien sind? Jetzt lachte er. Nach Ping-Pong-Geplänkel war mir nicht. Komischer Vogel. Erst behauptete er, aus der Türkei zu sein. Jetzt war er plötzlich Mitglied dieser syrischen Gemeinde.

Ich bin Aramäer und spreche die Sprache von Jesu. Meine Familie ist aus der Türkei, aber unsere Heimat ist das Grenzgebiet zwischen der Türkei, Syrien, Irak, Iran und dem Libanon.

Heiliger Wahnsinn. Türkische Christen? Hatte ich etwas verpasst? Hatte doch nur die Straßenseite gewechselt. Hatte doch nur im Vorbeigehen in den Hof geschaut. Hatte mich doch nur unterhalten. Aber nach Jesus-Talk war mir nicht. Das Flüchtlingsthema hatte ich auch durch. Im Sommer drei Säcke Kleidung bei einer Hilfsorganisation für Flüchtlinge vorbeigebracht. Viele Sondersendungen über das Flüchtlingsdrama im Fernsehen gesehen. Viel mit Flüchtlingen mitgefühlt.

Nehmen Sie doch Platz an unserem Tisch. Seien Sie für ein paar Stunden mit uns. Oh Verzeihung, wie unaufmerksam. Sie wollen bestimmt im Kreise ihrer Familie und Freunde Weihnachten feiern ...

Nein, konnte ich nicht. Hatte auch keine weiteren Pläne. Na ja, ein Film auf Netflix. Das war eine vage Idee gewesen. Mit einer neuen amerikanischen Serie anfangen. Wenn sie gut ist, könnte ich die ganze Nacht in eine andere Welt abtauchen. Hatte ich schon oft gemacht. Der Tag danach ist nicht so schön. Im Team fanden sie mich dann unausstehlich. Wenn ich müde bin, reagiere ich empfindlich bis aggressiv. Bin schnell von allem genervt. Vor allem von Lärm. Im Büro ist es oft laut. Haben viele Lauttelefonierer, unsympathische Kleingeister.

Danke, Endravus. Ein anderes Mal gerne. Heute geht das nicht. Kein guter Tag für Spontanes. Verstehen Sie mich? Soll ich es erklären? Nein?

Wie gut. Hätte mir eine Geschichte ausdenken müssen. Schnell zu meinem Freund. Steht seit Stunden in der Küche. Bin zu spät. Hätte Endravus so etwas in der Art erzählt. Beließ es bei »Schöne Weihnachten und bis bald.«

Der Leihwagen war immer noch da. Cool. Die gehen sonst weg wie nichts. Kampf um Leihautos gehört hier einfach dazu. So ist das im Hipster-Stadtteil. Man darf nicht lange fackeln. Wenn man auf der App ein Auto erwischt, sofort reservieren. In 15 Minuten zum Auto. Sonst war es das. Fahre lieber Fahrrad. Das stresst anders, im Winter. Kälte, Wind, Matsch. Irgendetwas ist immer. Hatte mein Fahrrad zuhause stehen lassen. Wegen meines Knöchels. War morgens sogar mit dem Taxi ins Büro gefahren. Kosten übernimmt leider nicht Achim. Taxiquittungen dürfen wir nur bei Businessterminen einreichen. So als wäre die Fahrt von zuhause ins Büro, oder umgekehrt, Privatvergnügen. Achim selbst macht alles über die Firmenkreditkarte. Hatte mir Florence, unsere Teamassistentin, gesteckt. Selbst seinen Fitnessclub bezahlt Achim über die Company. Seine Gesundheit ist wohl keine Privatsache. Ach Achim, Du bist ein arges Arschloch.

Lächelte über arges Arschloch. Sollte ich mir merken. Könnte ich mal anbringen. Musste ja nicht bei Achim sein. Streit oder Ärgernis gab es genug. Der Regen war stärker geworden. War mir gleich. Hatte meinen Parka mit Kapuze an.

Hielt meine Kundenkarte an das Lesegerät des Leihwagens. Die Anzeige auf der Windschutzscheibe wechselte von orange auf grün. Ich stieg ein. Carsharing musste man lieben. Alleine schon dafür, weil die Autoschlüsselsuche ein Ende hatte. Mein Vater hat ständig seine Schlüssel verlegt. Morgens, wenn er zur Arbeit wollte, rannte er aufgescheucht durch die Wohnung. Er fand seinen Schlüsselbund an den merkwürdigsten Orten. Im Bücherregal und Wäschekorb, in der Abstellkammer oder in seinem Schuh. Einmal sogar in der Spülmaschine. Das war komisch. Darüber mussten wir lachen. Mama, Alex und ich. Ansonsten war es mit meinem Vater nicht sehr lustig. Immer stand er unter Strom. Er lebte für seine Arbeit. Mit Mama verstand er sich gut. Sie hatten einen Deal, glaube ich. Sie wirkten wie ein Team, das sich gut ergänzte. Erst als er gestorben war, begann Mama ihn zu lieben. So will ich nie enden. Lieber verbringe ich Zeit mit amerikanischen TV-Serien.

2-4-1-2. Ich gab meine PIN ein. Wollte langsam aus der Parklücke fahren. Entdeckte aber im Rückspiegel auf dem Rücksitz eine Papiertüte. Mit einer roten Schleife. Wie kann man bloß ein Weihnachtsgeschenk im Leihauto vergessen? Habe mal ein Handy gefunden. Und ein Rotweinglas. Habe leider mal meinen Alexander-Wang-Schal in einem Leihauto liegen lassen. Bekam ich nicht wieder. Gemein, ich hatte den Handyfund der Carsharing-Zentrale gemeldet. So viel von wegen Geben und Nehmen. Nonsens ist das. Ein paar Stunden nach meiner Meldung stand der Handybesitzer bei uns im Büro. Die anderen haben nicht schlecht gestaunt. Er sah verdammt gut aus.

Drückte wieder den Start/Stopp-Knopf. Der Motor ging aus.

Drehte mich nach hinten. Holte die Tüte nach vorne. Trennte die Postkarte ab.

Unser Weihnachtsgeschenk für Sie.
25 Geschenke in 25 Autos.
Danke für Ihre Treue.

Die Dankesliste der Carsharing-Firma schmückte auch ein deutsches Familienunternehmen der Backwarenbranche. Mit dessen Produkten war die Tüte gefüllt. Be Happy Mini-Kakaokeks, XL-Brownie – Für den großen Schokomoment und Christmas Cookies – Dark & White Chocolate. Jeweils eine Packung. Ich legte die Tüte auf den Beifahrersitz. Verdammt, jetzt musste ich wieder weinen.

Brachte das Auto wieder zum Laufen. Radio machte ich erst gar nicht an. Keine Lust auf »Do they know it's Christmas?«, »Last Christmas« »White Christmas« oder gar »Driving home for Christmas«. Ja, ich fuhr nach Hause, aber nicht wegen Weihnachten. Entschied mich für die Route über den Tiergartentunnel. Es waren kaum Autos unterwegs. Hatte den Tunnel fast für mich alleine. Hielt das Lenkrad mit der linken Hand. Riss es ruckartig für Bruchteile von Sekunden nur ein bisschen nach unten und dann wieder blitzschnell in die alte Position zurück. Der Wagen geriet dabei aus der Spur. Nur ein bisschen. Nur für eine sehr kurze Zeit. Schnell scherte er wieder ein. Fuhr ruhig weiter. Schnell ausscheren, wieder einscheren. Das machte ich noch vier- bis fünfmal. Tunneltourette hatte ich das getauft. Darüber hatte Anna sich sehr amüsiert. Hatte ihr einmal spontan meinen Trick vorgeführt. Erst schrie sie hysterisch. Hatte so lange weitergemacht, bis Anna sich beruhigte. Dann lachte sie. Der Fahrer hinter mir muss gedacht haben, ich hätte einen Schaden.

Ließ zuhause heißes Wasser in die Badewanne ein. Kippte die halbe Flasche Pflegeschaumbad ins Wasser. Der Geruch von Granatäpfeln stieg auf. Legte mich in die Wanne und aß Mini-Kakaokekse. Sie schmeckten nicht. Hätte doch einkaufen sollen. Aber Bowie sang »Be My Wife« für mich. Das war sehr schön.

# Das Fest der Liebe

*Hugo Ramnek*

# Weiße Weihnacht

Ich lag in der Badewanne.

Es war der 24. Dezember, und ich war in der Badewanne.

Ich plantschte, ich pritschelte im Wasser, schwimmen jedenfalls konnte man das nicht nennen. Ich drehte mich im Kreis oder eher im Quadrat. Zwei Flossenschläge vorwärts, umdrehen, zwei rückwärts, umdrehen. Das war's.

Vor mir, hinter mir, unter mir, über mir: weiß. Die Steilufer weiß, der Wannenboden weiß, die Kacheln, die Badezimmerwände, die Decke, alles weiß. Die Augen offen nach Fisches Art – und um mich nichts als fahle Unfarbe. Und das Wasser ungetrübt. Und nichts zu essen.

Aus der Luft holen konnte ich nichts und nichts von der Oberfläche. Abtauchen konnte ich nur in eine Untiefe, die nichts barg, nicht einmal ein winziges Müschelchen. Kein Tauwürmchen, keinen Wasserfloh, kein einziges Zuckmückchen, nicht eines. Und von Plankton keine Spur.

Vier Fastentage hatte ich hier schon verbracht. Mit einer Ausnahme: Am zweiten Tag gab es zum Frühstück einen Weberknecht, der am Wannenrand ausgerutscht ist. Lange Beinchen, kaum Fleisch, ein Gaumenkitzel, nicht mehr. Bei solcher Schmalkost kann man von Fastenbrechen nicht sprechen.

Dabei war das Erste, was ich hörte, nachdem ich in diesen Wasserkerker geworfen worden war: *Fett ist der!* Das größte Kompliment für unsereinen. Warum ließen sie mich dann darben? Sie – das sind sechs, wie ich mit der Zeit herausgefunden habe: Eltern, drei Kinder, plus Großvater. Von ihm habe ich das vermaledeite Wort zuerst gehört: *Da ist er ja, der Weihnachtskarpfen.* Ein Wort wie ein Fischmesser, der Stich in ein Herz, das eh schon in die Schwimmblase gerutscht ist. Der Kerl, der mich – nebenbei bemerkt, mit einer unwiderstehlichen zum Platzen prallen Made – herausgefischt und in die weiße Nasszelle hineingeworfen hat, gehörte aber nicht zur Familie.

Kaum war der weg, vernahm ich folgendes Gespräch:

*Was sollen wir mit dem Dickwanst?*

*Hab' nicht gedacht, dass er das wirklich ernst meint. Bei der Weihnachtsfeier gestern hat er mir den Kopf vollgeschwatzt von seiner Biokarpfenzucht in den alten Ziegelteichen. Ich konnte doch nicht nein sagen zum Geschenk vom Direktor.*

*Wenn du nicht so viel getrunken hättest, wäre dir schon was eingefallen. Jetzt können wir das ausbaden.*

Nein, ausbaden muss ich das.

*Es muss nicht immer Gansl sein.*

*Aber der ist so fett.*

Das war am ersten Tag.

Am zweiten, kurz nach dem Weberknecht-Frühstückl, standen Mann und Frau im Badezimmer und schauten auf mich herab.

Sie beratschlagten sich, wie sie mich erschlagen sollten. Ich, der Gansl-Ersatz, bekam eine Gänsehaut ob des Gesprächs, das wiederzugeben ich nicht imstande bin, obwohl sich mir jeder Satz eingeprägt hat. Stichworte müssen genügen: Messer? Axt? Fleischhammer? Herzstich? Kopf- oder Genickschlag? Das habe sie alles *aus dem Netz gefischt*, erklärte die Frau. Wie das gehen soll, weiß ich auch nicht.

Aber ich wusste jetzt, was es geschlagen hatte.

Den restlichen Tag sind meine Gedanken im Kreis gegangen, während ich im Quadrat enggeschwommen bin. Ich war kurz vorm Durchdrehen. Am Abend war ich wie erschlagen.

Gnädiger als die Tage waren die Nächte, die dem Himmel sei Dank früh hereinbrachen. Die Dezemberdunkelheit machte mich ruhiger. Doch auch sie hatte ihren grellen Schrecken, dann nämlich, wenn der Großvater das Licht aufdrehte und hereinkam, mehrere Male pro Nacht, um sein Wasser zu lassen. Plötzlich dieses Überhelle des Neons, das mich Lidlosen überfiel. Der Alte seufzte und stöhnte mit offenem Hosentürl. Es kam nichts. Meine Augen fieberten mit. Wenn ich das Opawasser endlich plätschern hörte, wusste ich, es geht nicht mehr lange. Wenn es tröpfelte, war das erlösende Rauschen der Klospülung zu hören (falls er es nicht vergaß) und das Ende der Pein nah. Manchmal ließ er das Licht die halbe Nacht brennen – und damit meine Augen. Dann konnte ich nur auf seinen Schwiegersohn hoffen, der auch einmal pro Nacht musste. Mindestens. Bei ihm ging es flott; nur in der dritten Nacht kam er mehrmals, blieb länger, sang Lieder und redete mit sich selbst und zu mir. Ich verstand fast nichts, weil er so lallte. Was mich fast ein bisschen anheimelte, weil er sich so der Fischartikulation näherte. *Das geht nicht, den Sander derschlagen, gans und gar nicht, gell, Burschi.* Dein Wort in Poseidons Ohr, dachte ich mir; beleidigt zu sein, dass er mich einen Zander schimpfte, konnte ich mir nicht leisten. Er hatte Wasser in den Augen und wankte hinaus. Ich hatte immer Wasser in den

Augen und wieder eine kleine Hoffnung. Das Licht blieb an, worüber sich Großvater alterierte, der gleich darauf kam. Nach dem Auströpfeln macht er es aus (aber die Spülung betätigte er nicht). Endlich war die Neon-Qual abgestellt. Auf meine fiebrigen Sehkugeln senkte sich wohlige Dunkelheit, die langsam die nachgaukelnden Lichtbilder erstickte.

So war es jedes Mal: Vor mir tanzten in der frischen Finsternis noch eine geraume Zeit Leuchtfetzen. Wie diese Helligkeit meine Augen schon tagsüber ermüdete; das Nachtweiß war doppelt so schlimm. Nach solchen Lichtattacken konnte ich lange nicht einschlafen. Wenn ich dann, endlich unbehelligt, schlummerte, träumte ich von den Gesichtern meiner Wärter, von ihren schausüchtigen Augen, von ihren ungeschickten Händen, die nach mir griffen, von ihren aufgesperrten Mündern, in die ich hineingeschwemmt wurde. Einmal träumte ich, ich sei ein fliegender Fisch. Ich erhob mich und schwebte über eine schneebleiche Landschaft, einen Moment nur, der war aber unendlich gedehnt, dann stürzte ich ab, auch das in Zeitlupe, und im Fallen erkannte ich, dass ich zu fett war für die Libellenflügel an meinem Körper.

Am dritten Badetag kam ein weißer Kater (Großvater hatte die Tür nicht zugemacht), balancierte am Wannenrand, tatzte nach mir und plumpste ins Wasser. Ich versuchte abzutauchen, aber da war ja gleich Schluss. So rammte ich von unten seinen Bauch, schlug mit meiner Schwanzflosse wie wild herum, während er sich über Wasser zu halten und gleichzeitig mit seinen Krallen meine Haut zu malträtieren versuchte. Er fauchte und schrie, ich tauchte und klatschte, das Wasser spritzte über den Wannenrand hinaus. Alles war in Wallung, wir beide wussten nicht mehr, was oben, was unten war, bis eine Hand – ich erkannte nicht, welche – den Kater beim Genick packte und aus dem Kampfesstrudel zog. Ich war Gott sei Dank mit ein paar Kratzern am Rücken davongekommen. Das schon, aber eben nicht davongeschwommen. Wie auch? Immerhin, der Kater ist nie wieder aufgetaucht. Ich war erschöpft und ein bisschen stolz auf mich: Vom Krallenvieh hatte ich mich nicht unterkriegen lassen, dachte ich mir, matt am Wannenboden rastend.

In jenen Tagen vor Weihnachten, als ich im Weißtrog lag, kamen immer wieder Familienmitglieder, allein oder zu zweit, nie jedoch alle zusammen, und schauten zu mir herunter. Ich sah sie, wie ich noch keinen Menschen zuvor gesehen hatte, und keine Einzelheit in ihren Gesichtern entging mir, denn ich beäugte sie Tag und Nacht in schärfstem Licht. O man sieht genau, wenn man muss! Ich verstand sie, das heißt, ihre Worte, nicht ihr Tun. Ich sah sie an und erkannte: Voller Unruhe sind die Menschengesichter. Wie Wasseroberflächen, über die Wind streicht. Sie haben kein Antlitz wie unsereiner, bloß ein Gesicht.

Es war nach dem Eindunkeln am Heiligen Abend, als sie alle kamen.

Zuerst nur der Vater. Er stand über der Wanne, eine Axt in der Hand, die Schneide nach oben gerichtet. Ich drehte mich um, langsam, fast geräuschlos. Ich starrte beidäugig zur Wannenrückwand. Und rührte mich nicht mehr. Seinen Blick spürte ich auf mir und ahnte die dunkle Gestalt am Rande meines Gesichtskreises. Alles kam zum Stillstand, mein Antlitz blieb gefasst, nur mein Herz schlug wie wild. Mein Körper war angstgestrafft bis in die Flossenspitzen hinein, jede einzelne Gräte, jedes Fett-Partikelchen war angespannt. Alles verschwamm zu einem zähflüssigen übergrellen Weiß – mit einem Schatten am Rande meines Blickfelds. Der schien jetzt in die Höhe zu wachsen. Ich hätte die Augen schließen mögen. Ich fühlte mich wie tiefgefroren und schmolz auch nicht, als ich die Schattenaxt auf den Fliesen nach unten sinken sah. Ich nahm es nicht als *eine* Bewegung wahr, sondern als ruckartigen Ablauf, was mich auf seltsam schaurige Weise belustigte, so dass ich glucksen musste. Blasen sind meine letzten Gedanken, dachte ich, als ich hörte, wie die Türe aufging.

*Ich glaub's nicht – im Wasser. Du kannst ihn doch nicht im Wasser erschlagen!*

Der neue Schatten. Die Frau.

*Ich kann's nicht tun.*

*Die Bescherung ist um sieben. Die Kinder warten. Den ganzen Tag schon schiebst du es hinaus.*

Ich höre, wie etwas zu Boden fällt.

*Ich kann nicht.*

Taute ich in diesem Moment auf?

*Dann frag den Nachbarn. Der macht das gern. »O du fröhliche« hat er heute im Hof gepfiffen, während er das Gansl abgekragelt hat. Sollen wir denn am Heiligen Abend Büchsenravioli essen?*

*Jaaaa!*, jauchzte der ältere Bub, der gerade zur Tür hereinkam. *Die macht Papa immer, wenn du weg bist.*

Mein Binneneis begann zu schmelzen, und ich wagte es, mich langsam umzudrehen.

*Schau, er bewegt sich. Papa, können wir den Fisch nicht behalten und im Garten ein Schwimmbecken aufstellen? Bitte, bitte.*

Jetzt beugte sich auch Großvater über die Wanne.

*Den Weihnachtskarpfen hat meine Mutter immer mit dem Fleischhammer erschlagen. Aber ich seh' nicht mehr so gut.*

Ein weiteres Gesicht taucht auf. Das Mädchen boxt den Großvater in die Seite und schluchzt:

*Lasst ihn leben! Lasst den Karpfen leben!*

Der Bub ruft dazwischen: *Behalten wir ihn!* Und beginnt auch zu weinen. Dann höre ich auch den Kleinen, der noch kaum reden kann, aber plärren kann er. Und wie.

Eine Zeitlang verstehe ich gar nichts, weil alle durcheinanderreden. Die Kinder weinen und betteln, die Eltern schreien sich an, der Großvater schimpft vor sich hin. Meine Starre löst sich, und ich weiß selbst nicht, warum, ich mache einen Luftsprung und platsche ins Wasser zurück.

Augenblicklich sind alle still, selbst der Kleine, und starren mich an.

Ich starre zurück.

Keiner spricht, während das Wasser hin und her schwappt.

Die Frau schaut mir tief in die Augen und sagt:

*Zurückgeben können wir ihn nicht. Sonst ist dein Chef beleidigt. Du musst es machen.*

Das Mädchen schluchzt auf.

*Derschlag du ihn. Kommst ja von einer Bauernfamilie. Das Karpfenschlachten war Frauensache. Frag' deinen Vater!*

Der Bub heult.

*Ich tät's ja machen. Früher habe ich die Forellen mit der Hand aus dem Bach gefischt,* sagt der Großvater. *Aber jetzt zittern mir die Hände.*

Der Kleine plärrt los und übertönt alle und alles.

Als er sich endlich beruhigt hat, sagt seine Mutter:

*Könnten wir nicht einfach den Haar-Fön ins Wasser ...*

*Technisches Rindvieh!*

*Na, wenn du schon so ein tolles Mannsbild bist, dann derschlag ihn endlich.*

Wieder habe ich nichts verstanden, weil die Erwachsenen durcheinandergeredet und die Kinder geheult haben.

Plötzlich stand noch einer im Raum. Mit einer Rauchpfanne. Von einem Moment auf den anderen war es still.

*Gute Nachbarschaft und Gottes Segen! Tschuldigung, ich habe Sturm geläutet, die Tür war offen, das Licht an. Ich wollte eure Wohnung segnen. Wie jedes Jahr.*

Er schaut in die Wanne.

*Esst ihr den Weihnachtskarpfen erst am 25.?*

Schweigen im Bade.

Ein Räuspern: *Vor dem Räuchern ein Schnapserl?!*

Und dann waren alle draußen. Das Licht hätten sie brennen lassen, der Nachbar hat es abgedreht.

Im Finsteren gaukelten noch ihre Visagen vor mir, Lichtfratzen, deren Züge sich ständig verwandelten, bis sie sich mehr und mehr verfinsterten und vom Schwarz aufgesaugt wurden. Ich schlief am Wannenboden ein.

Ein Leuchtblitz. Ich schlug die offenen Augen auf: Ich schwebte, übergossen von Neonlicht, aus der Badewanne. Träumte ich? Ich flog nicht, ich wurde geflogen. Da fiel es mir wie Schuppen von den Augen: Gepackt war ich worden. Vom Großvater. Um ihn die Familie. *Ich zittere ja gar nicht.* Ich wollte mich aus seinen Händen winden, da plumpste ich schon in einen Eimer. *Der Löschkübel beim Weihnachtsbaum als Christfischtransporter*, lachte der Vater, als er das Gefäß samt mir hochhob. *Schwer ist der. Kapitaler Bursch.*

Da lag ich in Zwangskrümmung in dem engen, schwankenden Behältnis und wünschte mich in die Badewanne zurück. Aber es ging die Stiegen hinunter, die ich schon einmal heraufgebracht worden war. Brachten sie mich zum Nachbarn? Mir wurde so schwindlig von der Wackelei, das ich nicht viel mitbekam, bis ich in einem Auto war. Neben mir saß das Mädchen und der Bub mit dem Kleinen auf dem Schoß, sie schauten mich immer wieder an. Alle hatten sich in den Wagen gequetscht, selbst der Großvater. *Heute kontrolliert eh keiner*, lachte der Vater. Mir wurde schlecht. Nach einer ewigen Fahrerei sagte er: *Schon da.*

Dann ging alles ganz schnell. Das Mädchen und der Bub trugen den Eimer zum Ziegelteich und kippten mich hinein. Ich hörte noch ihr Lachen und ein mehrstimmiges *Frohe Weihnachten*, bevor ich eintauchte. In den Teich, in meinen Teich!

Alles war plötzlich so schön trüb um mich herum, und ich ließ mich einfach sinken bis auf den Grund. O himmlisches, nein, ozeanisches Gefühl, in Schlamm zu baden. Wer sich in einen Karpfen hineinversenken kann, wird es mir sicher nachfühlen. Wiederaufgetaucht, wiederabgetaucht, wiederaufgetaucht, ein Weihnachtswunder, aber ein österliches, das werden meine Mitfische denken, zumindest die katholischen, so ging es mir durch den Kopf.

Ich war hungrig. Doch trieb es mich – mir war nicht klar, warum – noch einmal in die Höhe. Im Wiederschein der Autolichter sah ich die sechs Schatten am Ufer stehen. Die haben sicher auch Hunger, dachte ich, aber nicht so einen Riesenappetit wie ich. Sahen sie mein Antlitz über dem Wasser?

Es hatte zu schneien begonnen. Große Flocken wirbelten durch die Lichtschneisen, die vom Wagen her kamen. Ich machte einen Karpfensprung, den elegantesten meines Lebens, schnappte den erstbesten Bleichling, der mir aus der Luft entgegentorkelte, ließ ihn mir im Maul zergehen, schluckte, noch im Fallen, das zerschmolzene Weiß und tauchte ins Trübe ab. In meinen Barteln, da spürte ich es schon: Im Schlamm wartete auf mich der erste Gang meines Weihnachtsmenüs.

*Daniel Schreiber*

# Drei Jahre

Zwei Kapaune. Er würde zwei Chapons de Bresse machen. Gänse und Enten aß man um diese Zeit des Jahres ohnehin viel zu oft, Bressehühner waren so viel zarter als die üblichen Weihnachtsvögel und es hatte so etwas Festliches, dass es sie nur zwei Wochen im Jahr gab. Er müsste es hinbekommen, sie gut zuzubereiten. Er hatte lange kein großes Essen mehr ausgerichtet. Während seines Studiums hatte er eine Weile vom Kochen gelebt. Er hatte sich damals geduldig durch den Larousse Gastronomique gearbeitet und privat für verschiedene Familien gearbeitet, unter der Woche und zu besonderen Anlässen. Das war lange bevor es schick wurde, sein Olivenöl direkt vom italienischen Erzeuger zu beziehen und seine Küche mit Le-Creuset-Töpfen auszustatten. Kochen war eines seiner Talente gewesen, warum hatte er so lange niemanden mehr eingeladen? Er musste an Julius' große Augen während ihres ersten gemeinsamen Frühstücks denken, ein Omelette, zusammengeworfen aus ein paar Eiern, Tomaten, Schalotten und einem einsamen Stück Ziegenkäse, das er bei ihm im Kühlschrank gefunden hatte, dazu ein paar Oreganoblätter vom Nachbarbalkon. Sie waren danach den ganzen Sonntag im Bett geblieben.

»Ich hätte gerne zwei Kapaune«, sagte Jonas dem Leiter der Geflügeltheke im festtäglich belebten Feinkostgeschäft. Vor ihm lag ein breites Angebot bleichgelber, gerupfter Vögel in verschiedenen Größen, ein Arrangement, das surreal wirkte. »Wie viele Leute haben Sie denn zum Essen?« Er hatte sich dieses Jahr überhaupt dazu entschlossen, wieder Weihnachten zu feiern und für Heiligabend ein paar Freunde zum Essen eingeladen, ein paar der Ex-Pats, die über die Feiertage in der Stadt geblieben waren, Marianna, seine beste Freundin, die er noch aus der lang zurückliegenden Zeit an der Uni kannte, und natürlich Andreas und Michael, die ihre achtjährige Pflegetochter mitbrachten und sich extra am Nachmittag beschenken würden, um zum Essen zu kommen. Er versuchte nachzuzählen, wie lange die beiden schon zusammen waren und kam nicht drauf, länger als er und Julius es jemals gewesen waren in jedem Fall. »Zwölf«, antwortete er, etwas zu spät. »Da werden zwei aber knapp, man braucht schon einiges, damit jeder satt wird.« »Zwei reichen, glaube ich.« Er wusste, dass zwei reichten. »Ist Ihr Kühlschrank denn groß genug? Bei den Temperaturen kann man nichts auf dem Balkon lagern.«

Er kannte den Verkäufer von früher. Er würde ihm noch erzählen, dass man eigentlich so und so viel Gramm pro Person brauche und ihm nahelegen, dass sein Backofen zu klein wäre, um beide gleichzeitig zu machen. Er würde ihm das Gefühl geben, dass er sich auf mehr einließ als er bewältigen könnte. Er hatte keine Energie dafür, sich mit ihm auseinanderzusetzen, es war einfacher, sich das anzuhören und nichts zu sagen. Die Vögel würden gut sein. Der Geflügelhändler bezog die Kapaune direkt aus der Bresse-Region in der Nähe von Lyon, wenn er sich recht erinnerte, waren sie immer ausgezeichnet gewesen.

Früher hatte er oft darüber nachgedacht, wenigstens für ein

paar Monate in Frankreich zu leben. Er hatte die Pläne nie in die Tat umgesetzt. Nach dem Studium war er zunächst nach Rom gezogen, eine schöne, aber prekäre Zeit. Nach seiner Rückkehr hatte er Julius kennengelernt und eine kleine Künstleragentur gegründet, die nach ein paar schwierigen Anfangsjahren ganz gut, wenn auch nie glänzend, lief. Das war auch die Zeit aufwändiger Essen gewesen, die Julius und er an manchen Samstagen und zu besonderen Anlässen gaben. Damals hatte er es genossen, kompliziert zu kochen, weil es seinen hektischen Arbeitsalltag zu unterbrechen schien, seine Aufmerksamkeit für zwei, drei Tage auf etwas anderes lenkte. Sie hatten so viel gearbeitet, eigentlich zu jeder Tages- und Wochenzeit, abgesehen von ein paar Urlauben auf Mittelmeerinseln oder in Tirol, bis auf die eine oder andere Reise nach New York oder Tokio. Julius, der eine Bilderbuchkarriere hingelegt hatte, war genauso arbeitsvernarrt wie er gewesen, aber im Gegensatz zu ihm hatte er als Finanzberater tatsächlich Geld verdient. Man hatte immer gut mit ihm verreisen können, sie hatten magische Urlaube gehabt.

Warum hatte er das alles so lange gemacht? Wenn er an jene Zeit zurückdachte, hatte er das Gefühl, dem Leben verzweifelt hinterhergelaufen zu sein. Nichts, was er damals machte, schien ihm ausreichend, egal, wie viel er arbeitete. Als hätte ihn ein tief sitzender Zweifel, den er nicht benennen konnte, angetrieben. Und Julius war nach ein paar Jahren nicht mehr zu trauen gewesen, im Nachhinein sah er das ziemlich deutlich. Nach ihrer Trennung hatte er sich lange gefragt, warum er das nicht vorher hatte erkennen können und konnte den Gedanken nicht abschütteln, dass er es zumindest zu einem Grad gewusst haben musste. Er hatte lange an dem Glauben festgehalten, dass Julius etwas anderes wollte als viele ihrer Freunde, die offene Beziehungen führten, dass er anders war als seine Managerkollegen, mit ihren Affären, dem gockelhaften Geltungsbedürfnis, dem latenten Alkoholismus. Hätte er genauer hingesehen, wäre es ihm wahrscheinlich aufgefallen, dass ein Teil von Julius tatsächlich anders war, aber dass dieser Teil über die Jahre immer kleiner wurde. Ihre Beziehung hatte davon gelebt, dass er einer der letzten Zeugen dieses verschwindenden Teils von Julius war. Eines Nachmittags hatte sein Partner vor ihm gestanden, mit einem Glas sehr teuren Rotweins in der Hand, und er hatte ihm schon an seinem aufgelösten Gesichtsausdruck angesehen, was los war. »Ich habe Mist gebaut«, hatte er gesagt, mit trotziger Stimme und zugleich den Tränen nahe. »Bitte sag nicht, dass du eine Affäre hast.« »Ja, schon seit fast einem Jahr.« Er hatte nicht gewusst, warum er ihn fragte, ob es das erste Mal gewesen sei. Julius hatte nur den Kopf geschüttelt und losgeweint.

Als der Geflügelhändler ihm die beiden Chapons zeigte, die er aus der Kühlkammer geholt hatte, musste er staunen, wie schön und schwer so ein Hahn werden konnte. Aus so einem zähen, lauten Tier konnte innerhalb von acht oder neun Monaten ein edler Vogel werden. Man musste es nur im Alter von etwa zwölf Wochen sterilisieren. Das war etwas, das er während des Weihnachtsessens nicht erwähnen sollte. Er erinnerte sich von früher, dass alle Männer, egal ob schwul oder hetero, diesen Umstand seltsam persönlich nahmen. Er freute sich darauf, die Vögel zuzubereiten.

Für die Weihnachtsessen, die sie als Paar gaben, hatte er lange Zeit Gänse gemacht, so, wie man sie in England zubereitet, auf dem Rost bei einer mittleren Temperatur, so dass das Fett auf die darunterliegenden, mehligen Kartoffeln tropft. Eine Weile lang hatte er Enten serviert, mit dem Hauch einer

Pinktönung, so wie er es mal von einer französischen Köchin gelernt hatte, in Geflügelbrühe vorgegart, um das Fett der Vögel zu reduzieren, und dann für eine Stunde in einem Ofen geröstet, der so heiß ist, dass die Küche qualmt, wenn man ihn vorher nicht penibel sauber gemacht hat. Eine Pute, die außer ihrer pittoresken Norman-Rockwell-Form kaum Qualitäten hat, wie er fand, hatte er nur zu ein paar Thanksgiving-Essen gemacht, für ihre Handvoll amerikanischer Freunde. Kapaune waren so viel eleganter als die anderen Weihnachtsvögel. Er hatte sie früher immer eine Nacht in mit Pfefferkörnern und Lorbeer gewürztes Salzwasser eingelegt. Vor dem Rösten hatte er etwas weiße Trüffelbutter und Thymianblätter unter die Haut gestopft, was dem Fleisch erdig-aromatische Noten gab, von denen man beim Essen nicht weiß, woher sie kommen.

Diese Essen. Der Druck, diese Anstrengung, Julius. Marianna war früher bei fast jedem Essen dabei gewesen. In der Trennungszeit hatte sie oft gesagt, dass es sinnlos sei, sich zu fragen, was der neue Partner des anderen einem selbst voraus habe. Ein Ratschlag, der ihm tatsächlich dabei half, sich nicht in den Gefilden jener Obsessionen zu verlieren, die eigentlich nahegelegen hatten. Aber war das eigentlich so eine dumme Frage? Der Mann, mit dem Julius damals schlief und den größten Teil seiner freien Zeit verbrachte, war noch nicht einmal 30 und fitnessstudiogestählter als er oder Julius es jemals gewesen waren. Jonas hatte lachen müssen, als er ihm das nach einigem Zögern erzählte. Nicht weil er nicht erschüttert gewesen wäre oder seinen Partner nicht gerne angebrüllt hätte, sondern weil es ihm gelang, die Situation für ein paar Sekunden von außen zu betrachten. Julius hatte auch etwas lachen müssen, für ein paar Sekunden schien der alte Julius zurückzukehren, der Julius, den er so geliebt hatte. »Lass uns zusammenbleiben«, schlug dieser Julius vor. »Alle Schwulen gehen fremd, alle haben offene Beziehungen.« »Wie soll das gehen für uns«, hatte Jonas geantwortet, »selbst wenn das stimmen würde«. Irgendwann hätte er es vielleicht gekonnt, aber dafür schien es damals zu spät, er war sich zu sicher, dass er das nicht wollte oder auch nur konnte, nicht mit Julius, nicht so.

Es hatte lange gebraucht, bis das Band zwischen ihnen lockerer wurde. Er kannte ihn zu gut, Julius tat ihm sogar ein bisschen leid. Egal wie wütend er in den nächsten Monaten auf ihn war, die Nähe zu ihm, die Gewohnheit, ihn zu verstehen und ihm zu verzeihen, war stärker. Obwohl ihm an jenem Nachmittag relativ schnell bewusst geworden war, dass ein Abschnitt seines Lebens ein Ende gefunden hatte. Vielleicht hatte etwas in ihm schon länger damit gerechnet gehabt, dass eintreten würde, was eingetreten war. Er hatte seinen Partner angeschaut und gewusst, dass er bereit war, das hinzunehmen. Niemand hatte ihn je mehr geliebt als Julius.

Das Telefon klingelte und schreckte ihn aus der Trance auf, in die ihn Leontyne Pryces Weihnachtslieder versetzt hatten, die er beim Schmücken der großen Tanne hörte. Er brauchte eine Weile, um es ausfindig zu machen. Es war hinter einen Stapel Weihnachtskugelkartons gefallen. Für eine Sekunde fiel sein Blick auf die Flecken seines Teppichs, den er unbedingt austauschen musste, sobald er es sich leisten können würde. Als er das Smartphone endlich fand, hatte das Klingeln aufgehört. Er schaute auf das Display und registrierte mit einer Mischung aus leichtem Erschrecken und verhaltener Freude, dass Julius angerufen hatte. Er würde ihn später zurückrufen. Das Telefon begann wieder zu klingeln und etwas in Gedanken und halb in der Erwartung, die ungeduldige Stimme seines Exfreunds zu hören, nahm er ab. »Hallo, Jonas? Hörst du mich?« Es war Marianna, er war erleichtert. Sie fragte, ob sie zwei französische Freunde zum Essen mitbringen könne, die über die Feiertage bei ihr logierten, um sich die Stadt anzuschauen. Alte Bekannte, sagte sie, die sie vor Jahren in Paris kennengelernt habe, als sie dort studierte, ein Anwalt und ein Galerist, schon lange zusammen. Er erinnerte sich entfernt daran, die beiden schon einmal getroffen zu haben. »Kein Problem. The more the merrier.« Wahrscheinlich würde kurzfristig sowieso jemand absagen, dachte er, und selbst wenn nicht, es gäbe genug Platz.

Es war eine gute Entscheidung, das Weihnachtsessen auszurichten. Unter anderem hielt es ihn dazu an, einen Baum zu schmücken, was er die vergangenen Jahre nicht getan hatte. Als er und Julius noch zusammen waren, hatten sie immer mit großer Begeisterung einen Weihnachtsbaum aufgestellt. Nach und nach hatten sie eine überraschende Anzahl von Kugeln, Sternen und Ornamenten zusammengetragen, ein Potpourri aus Beige-, Grün-, Blau- und Rosatönen, an dem man die wandelnden Weihnachtsschmuck-Moden der zurückliegenden Jahre ablesen konnte. Julius hatte ihm den Schmuck überlassen, zum Glück, dachte er gerade. Er dekorierte den Baum, eine große Nordmanntanne, die er vom Markt in die dritte Etage getragen hatte, schon seit zwei Tagen, und er genoss es. Nicht zuletzt, weil es sich wie eine Art Meditation anfühlte, und er beim Schmücken die vergangene Zeit Revue passieren ließ. Die Trennung war fast genau drei Jahre her, Julius hatte ihn zwei Wochen vor Weihnachten verlassen. Es waren drei schwierige Jahre gewesen. Nachdem Julius im neuen Jahr ausgezogen war, hatte er seine Agentur verkauft, um sich eine Auszeit zu nehmen. Von der Verkaufssumme konnte er bis heute auf einem bescheidenen Niveau leben. Doch anstatt froh über ein zumindest für eine Zeit relativ sorgenfreies Leben zu sein, fiel er in eine lang anhaltende Phase von Traurigkeit, die ihn erschüttert und orientierungslos zurückließ. Er reiste viel, hatte eine kurze Affäre, von der er schon nach zwei Wochen nicht mehr wusste, warum er sie führte; eine Weile dachte er, er würde sich fürs Malen interessieren und dass es ihn mit Sinn erfüllen würde, Kleidung in der Kleiderkammer eines Flüchtlingswohnheims auszugeben. Doch all das schob sein Unwohlsein nur in den Hintergrund. Irgendwann stellte er die Leinwände und die Ölfarben in den Keller, gab seine Verpflichtung im Heim auf und machte eine Spende an eine wohltätige Vereinigung. Er holte seine Kollektion französischer Tarte-, Brioche- und Cannelé-Formen, die er über die Jahre angesammelt hatte, aus dem Schrank, fing wieder an zu kochen und zu backen, frischte seine Erinnerung an alte Rezepte auf und lernte neue. Damals nahm er 15 Kilogramm zu. Es dauerte ein Jahr, bis er sich dazu überwinden konnte, zweimal die Woche einen Therapeuten zu sehen, wieder gesünder zu essen und regelmäßig schwimmen zu gehen. Er arbeitete sich durch den Tod eines kranken Freundes, der ihn mehr beschäftigte, als er angenommen hätte, lernte seine Falten an den Augenrändern erst zu zählen und dann zu ignorieren, begann zwei Künstler zu vertreten, mit denen er lange gearbeitete hatte und die mit der neuen Agenturführung nicht glücklich waren, nahm die Beziehungen zu einigen Freunden und Bekannten wieder auf, die er während seiner Jahre mit Julius aus den Augen verloren hatte. Er feierte seinen 45. Geburtstag, war nicht unglücklich darüber und stellte irgendwann fest, dass es ihm wieder besser ging, dass er die 15 Kilogramm wieder abgenommen hatte und dass er morgens nicht mehr mit der Frage im Kopf aufwachte, welchen Sinn das alles habe. Ein Resultat dieser Zeit war jedoch, dass er alleine blieb. Manchmal, so wie jetzt, dachte er, dass es schön wäre, wieder jemanden kennenzulernen, aber eigentlich konnte er sich das nicht mehr vorstellen. Vielleicht würde sich das irgendwann ändern, aber wenn er ehrlich war, glaubte er nicht mehr daran. Die Möglichkeit, mit jemandem als Paar zu leben, selbst die, nur mit jemandem zu schlafen, standen ihm nicht mehr offen. Sie hatten zu jemand anderem gehört, zu jemandem, der er nicht mehr war.

Er hatte die letzten kleinen, grün-golden schimmernden Inge-Glas-Zapfen an die Tanne gehängt und war dabei, sich zu überlegen, welchen Platz er den bunten Glaspapageien geben könnte, als das Telefon noch einmal klingelte. Es war Julius. Er holte tief Luft und nahm ab. »Ich fahre doch nicht nach Martinique.« Seine Stimme war belegt, er musste getrunken haben, man konnte eine Spur der Wut spüren, die Julius beim Trinken manchmal erfasste, gemischt mit etwas Selbstmitleid. »Ist etwas passiert?« »Oskar hat sich von mir getrennt.« Es war die neueste von einigen Beziehungen gewesen, die immer in kurzen Abständen aufeinander folgten, aber nie länger als ein paar Monate dauerten. Er hatte nur zwei dieser Männer kennengelernt, zufällig, bei einer Geburtstagsparty und einer Hochzeit gemeinsamer Freunde. Wenn Julius und er sich trafen, wozu es kaum noch kam, dann zu zweit. Aber er hatte Oskar gemocht. »Tut mir leid.« »Passt schon«, er hörte, wie Julius noch einen Schluck aus seinem Glas nahm. »Ich habe nicht viel Zeit«, sagte Jonas, »ich muss noch so viel vorbereiten. Ich mache morgen Abend ein größeres Weihnachtsessen. Wenn du nichts vorhast, komm vorbei. Ich würde mich freuen, Andreas und Michael sich auch.« Er hatte es, ohne darüber nachzudenken gesagt, aber es fühlte sich richtig an. »Danke.« »Bis morgen, dann.« Schweigen, ein weiterer Schluck Wein. »Vermisst du mich eigentlich manchmal?« »Ja«, nun schwieg er für ein paar Sekunden, es war das erste Mal, dass Julius ihm diese Frage gestellt hatte. »Aber ich möchte jetzt nicht darüber sprechen. Wir sehen uns morgen. Pass auf dich auf.«

Die Meringues für die Pavlova waren vorbereitet, er müsste nur noch das Passionsfruchtfleisch hinzufügen und etwas Sahne schlagen. Daneben stand eine Pecan-Tarte mit dunkler Schokolade, die nach Zimt und Kardamom roch. Die Kapaune glänzten im Ofen, goldbraun, und als er mit dem Messer zwischen Schenkel und Brust stach, quellte etwas klare Flüssigkeit heraus, das Zeichen, dass sie fertig waren. Marianna und ihre beiden Pariser Freunde, Guillaume und Nicolas, brachten die Teller vom letzten Gang in die Küche, gebackene Birnen auf bitteren Wintersalatblättern, mit Roquefort, Walnüssen und getrockneten Cranberries gefüllt. Das Pärchen war ihm auf Anhieb sympathisch gewesen. Vor allem mit Nicolas, dem Arzt, hatte er sich während der ersten Gänge gut unterhalten. Sie stellten das Geschirr auf die Ablage, fragten, ob sie noch etwas tun könnten und gingen, als er die Frage verneinte, zurück ins Wohnzimmer.

Er war froh, wieder alleine in seiner großen, altmodischen Küche zu sein. Die Handgriffe, von denen sich erstaunlich viele noch selbstverständlich anfühlten, hatten etwas Beruhigendes. Er nahm die Vögel aus dem Ofen, bedeckte sie mit Aluminiumfolie, damit sie etwas ruhen konnten, schob das Selleriewurzel-Kartoffel-Gratin mit seinen dunkelgrünen Salbei-Fleckchen auf den Rost, um es aufzuwärmen, und stellte die große Pfanne auf den Herd, in der er den gedünsteten Rosenkohl mit Maronen und Pancetta anbraten würde. Die Hors d'œuvres, kleine Wachtelei-Toasts mit etwas Kaviar, und der erste Gang, die Pistazien-Suppe nach dem Ottolenghi-Rezept, und auch die Birnen, hatten alle gemocht, sogar Sophia, das Mädchen von Andreas und Michael, obwohl sie in einem schwierigen Alter war, was das Essen betraf. Er war nicht mehr nervös. Gesprächsfetzen schwebten aus dem Wohnzimmer durch die halboffene Tür in die Küche und er genoss, dass es mit so viel Leben gefüllt war. Er konnte die Stimme von Julius heraushören, der sich geduldig ein paar Schulgeschichten von Sophia und ihren Vätern anhörte und sich mit dem Trinken zurückzuhalten schien. Die Luft war von einem Parfüm aus Atem, Kerzen, Rotwein und Tannennadeln erfüllt. Er kippte das große Fenster an; es war dunkel draußen, fast schwarz, eine klare, kühle Nacht, die den Blick auf ungewöhnlich viele Sterne am Himmel freigab.

Als er die kühle Luft einatmete, die in die Küche drang, hörte er plötzlich die Stimme von Nicolas hinter sich. »Wäre es möglich, hier eine Zigarette zu rauchen?« Sein Englisch hatte einen überraschend angenehmen Akzent. »Ich kann aber auch nach draußen gehen, wenn du magst.« Er war der größere von beiden, unter seinem hellblauen Hemd zeichneten sich ein kleiner Bauch und die Muskelpartien seiner Arme und Schultern ab. Trotz seines grauen Vollbarts und seiner grauen Haare hatte er eine eher dunkle Ausstrahlung. Jonas nickte. »Ich nehme auch eine.« Er rauchte fast nie, nur ein paar Mal im Jahr, wenn es sich ergab. Nicolas bot ihm eine seiner American Spirits an, gab ihm Feuer und blickte ihm mit einem leichten ironischen Flackern direkt in den Augen. Könnte es sein, dass er ihn schon den ganzen Abend so angeschaut hatte? Er wirkte wahnsinnig anziehend. Jonas konnte nicht anders und erwiderte den Blick. Nicolas, die Zigarette in der Hand, ging zurück zur Tür und schloss sie leise. Dann kam er direkt auf ihn zu und drückte ihn, unfassbar charmant grinsend, mit der Kraft seines ganzen Körpers an die Küchenzeile. Jonas lächelte und ließ es geschehen. Nicolas sagte etwas auf Französisch, das er nicht verstand, und fuhr mit dem Daumen seiner freien Hand über Jonas' Lippen. Dann schaute er ihm fragend in die Augen, Jonas rückte noch näher an seinen Körper heran, beide lehnten sich einander langsam entgegen und küssten sich.

Juliane Löffler

# Kalte Reste

Ich sitze in der Bahn, schaue aus dem Fenster und heule. Nicht so richtig, die Tränen laufen gar nicht, sondern so, dass niemand merkt, dass mein Kinn zittert und ein bisschen Rotze aus meiner Nase läuft. Ich presse meine Stirn zu einer festen Falte zusammen und beiße mir mit den Zähnen von innen auf die Backen, bis das Fleisch nachgibt, höre auf, bevor der Blutgeschmack kommt. Die wunden Stellen verbreiten ein saures Gefühl im Mund. »Vorzeigefamilie« nennen sie uns, dabei ist bei uns überhaupt nichts vorzeige. Meine Oma ist mit meiner Tante verkracht, die war das letzte Mal vor neun Jahren bei uns, seitdem verbringt sie die Feiertage mit Großvater auf Mallorca, meine Schwester Lina ist drauf wie ein Messer und Mama und Papa schlafen seit Jahren in getrennten Schlafzimmern. Von außen sieht natürlich alles super aus, wie alles von außen super aussehen kann. Aber darum geht's auch eigentlich gar nicht. Die Leute kommen trotzdem gern zu uns. Wir sind das Sozialzentrum, sagt meine Mama manchmal im Scherz, das große Fest, das offene Haus, der Riesenbaum, das Wahnsinnsbuffet. Dieses Jahr gibt es Sushi, für vierzig Personen. Sie bringen Schnaps mit, selbstgebrannt aus Serbien oder Griechenland und am frühen Abend singen wir, mit Kontrabass und Saxophon und einer Oboe, und Mama wird sich vielleicht mal wieder an die Harfe setzen, bis alle feuchte Augen haben. Danach wird gefeiert und getrunken, im Suff werden Schwüre und Freundschaftsbekundungen ausgetauscht, wie schön es immer bei euch ist, sagen dann die Leute. Aber dieses Jahr wollte ich alles anders machen. Und jetzt sitze ich in diesem Scheißzeug, und heule und ärgere mich, obwohl schon alles vorbei ist.

»Mama«, hatte ich vor einer Woche gesagt, »Mama so geht das nicht. Unser ganzes Land ist voll mit Bürgerkriegsflüchtlingen. Der Krieg ist hier. Europa knarrt an allen Ecken und Enden. Jetzt spüren wir zum ersten Mal so richtig, was das heißt: Globalisierung. Die Leute brauchen Hilfe, die schlafen bei Minusgraden auf der Straße, Mama, mitten in Berlin, wir können doch jetzt nicht einfach so weitermachen wie vorher und Weihnachten feiern in unserer Wohlstandsblase, man muss sich auch mal aus seiner Komfortzone heraus bewegen, wir leben doch wie die Maden im Speck, Mama, das geht doch nicht.« Meine Mutter schaute mich verwundert an. »Aber Schätzchen, dein Vater hat schon eingekauft«, und ich merkte, dass es ein Fehler war mit ihr zu sprechen, bevor ich meine Schwester auf meine Seite geholt hatte, zu zweit hätten wir das vielleicht reißen können. Aber Lina hatte sich dieses Jahr von ihrem Freund getrennt und war gerade nicht experimentierfreudig, war eigentlich überhaupt nicht freudig, wollte nur rauchen und sich mit der neuen Staffel von Homeland zudröhnen und darüber nachdenken, ob sie ihr Kunststudium abbrechen sollte. Ich wollte ja auch nicht das Fest absagen, die Leute ausladen. Seit Tagen überlegte Mama schon, wie sie die Tafel eindecken will. Aber die letzten sechs Wochen hatte sich alles bei mir verändert, jeden Nachmittag hatte ich am Lageso gestanden, bis nachts, und geholfen, meistens hatte ich die Schicht von 17 bis 2 Uhr übernommen. Hatte Menschen betreut, die auf der Flucht waren, in der Stadt gestrandet, oder auf der Durchreise, ein Zuhause suchten oder einfach nur neue Schuhe, oder

Medikamente, oder ihren minderjährigen Sohn, der auf der Flucht verloren gegangen war. Die letzten Wochen waren der Horror gewesen, aber sie hatten mir auch neue Kraft gegeben, so etwas wie ein Fenster in die Welt aufgerissen, ich war wie im Rausch, alles andere war unwichtig geworden, mein Studium, meine Freunde, mein Job in der Nachhilfeschule. Ich verachtete Menschen, die sich nicht mit der Flüchtlingskrise beschäftigten, und wenn es nachts regnete oder schneite, lag ich wach und dachte an die Menschen, die jetzt unter Plastikplanen vorm Lageso kauerten und warteten, bis sie sich morgens hinter die Gitter für die Registrierungsschlange stellen konnten. Neulich habe ich einen Blogbeitrag gelesen, von einer erschöpften Helferin, die Supervision brauchte, weil sie nach drei Monaten so durcheinander war. Ich hatte das gelesen und alle Symptome an mir wiedererkannt. Die Schlaflosigkeit, die Rastlosigkeit, die Erschöpfung, die Nikotinsucht, die Unlust an Gesprächen, aber ich fand das abartig, es geht doch gar nicht um dich, dachte ich, was ist das für eine scheiß Art sich selbst zu profilieren! Und dann war ich zu meinen Eltern nach Frankfurt gefahren und hatte mich in mein Bett gelegt. Alles fühlte sich nutzlos an.

Etwas hatte sich verschoben. Und ich hatte erwartet, dass sich die anderen mit verschieben würden, das geht uns schließlich alle was an, hatte ich gedacht. Ich bin so dumm. Ich war nach Hause gekommen, und alles.war.einfach.wie.immer gewesen, der Nachmittagskaffee, die Besuche unserer Nachbarin, ihr bekiffter Sohn, die Grußkarte meiner Oma. Ich fand das unerträglich. Wir könnten das Essen ausfallen lassen und das Geld stattdessen spenden, hatte ich gedacht, oder eine syrische Familie zu uns einladen, oder alle zusammen eine Weihnachtsschicht in Gießen übernehmen, nur eine Fahrtstunde von uns, auch hier wurden schließlich Leute gebraucht, am drittgrößten Flüchtlingsheim in Deutschland. Leute, die helfen, Decken und Essen verteilen, mit den Kindern Springseil spielen. Denn jetzt fehlten freiwillige Helferinnen und Helfer, weil alle an Weihnachten nach Hause fuhren. Wie ich. Stattdessen hatte es einen Riesenkrach mit meiner Mutter gegeben, ich hatte so etwas wie Bonze und asozial zu ihr gesagt und sie weltfremd und Gutmensch zu mir, woraufhin ich noch mehr ausgerastet bin, weil Gutmensch eine Vokabel aus dem Dritten Reich ist, die man sowieso überhaupt nie benutzen sollte. Und dann kam meine Schwester reingeschlurft und meinte, ich solle es mal nicht übertreiben, und mein Vater rief aus der Küche, die ganze Welt könne ich eh nicht retten. Da hatte ich gar nichts mehr gesagt, nur eine Tür sehr fest zugeknallt und meinen Rucksack umgepackt und ohne Tschüss zu sagen das Haus verlassen. Die werden schon sehen, wie ernst es mir ist, soll Mama doch heulen, wenn sie merkt, dass ich an Weihnachten nicht da bin, sollen sie ihren scheiß Schnaps trinken und den anderen erzählen ich sei gerade etwas schwierig. Dachte ich, setzte mich in die Straßenbahn und suchte in meinem Smartphone nach der Facebook-Gruppe »Gießen hilft«. Das letzte Statusupdate war zwei Tage alt. Nach zwei Stunden bekam ich eine Antwort von einem Dieter, mit einem Pin auf Google Maps, »Melde dich wenn du da bist, wir bereiten heute Abend Essen vor«.

»Ich glaube, du nimmst das alles etwas zu ernst«, hatte meine Mutter gesagt. Wie kann man das Leben zu ernst nehmen, hatte ich gedacht. Aber ich hatte keine Lust ihr zu antworten. Ich wollte überhaupt niemandem antworten. Ich fühlte mich entfremdet von der Welt, die ich vorher mein Zuhause genannt hatte und wollte zurückkehren in den kaputten Teil der Welt, den ich in den letzten Wochen kennengelernt hatte. Dort ging es ums Leben – und ums Überleben. Auf dem Weg nach Gießen hatte es angefangen zu schneien und die Heizung im Regio war ausgefallen. Meine Füße wurden kalt.

Als Greta am Bahnhof ankommt ist es dunkel und es nieselt. Am hinteren Ende des Bahnhofsplatzes sitzen auf einer Bank drei schwarze Männer, »Hi«, sagt sie und lächelt, »Do you know how I can get to the Refugee Camp?« »Um die Zeit musst du ein Taxi nehmen«, sagt einer von ihnen. Hautfarbe ist nicht gleich Nationalität, hämmert es in ihrem Kopf und sie denkt daran, dass ihr neulich jemand gesagt hat, sie werde ihrer Mutter immer ähnlicher. Und sie dachte, das stimmt nicht, ich werde meiner Mutter immer unähnlicher. Der Taxifahrer durchquert die Stadt und fährt dann lange an einem Stacheldrahtzaun entlang, »Hier?«, murmelt er, Greta zahlt 14 Euro und steigt aus. Die Straßenlaternen werfen Schatten auf den Zaun und die grüne Plastikfolie, die einmal als Sichtschutz gedacht war, aber längst zerschlissen ist. Bäume säumen den langen Weg neben dem Zaun, Greta kann das Ende nicht erkennen und geht zu den zwei großen Drehkreuzen, an denen ein Security-Wachhaus steht. Ihr Atem stößt kleine Nebelwölkchen in die Luft. »Ohne Anmeldung kannst du nicht rein«, sagen die zwei Wachmänner. »Aber ich bin zum Helfen da«, sagt Greta. »Warum hast du dann keine Anmeldung«, fragen sie. Greta stapft von einem Bein aufs andere. Sie schreibt Dieter eine Nachricht, dreht sich eine Zigarette und wartet. Dieters Zähne sind bräunlich verfärbt und er hat blaue Augenringe. »Klasse, dass du da bist«, sagt er, redet kurz mit den Security-Mitarbeitern, winkt Greta durch das Drehkreuz und schüttelt ihr fest die Hand.

Dieter läuft schnell und Greta beeilt sich, mit ihm Schritt zu halten. »Total Klasse, dass du da bist«, sagt Dieter wieder, »die meisten sind über die Feiertage nach Hause gefahren, wir brauchen Leute. Du hast ja schon als Volunteer gearbeitet, hattest du geschrieben, oder?« Ein paar Kinder in Daunenjacken umkreisen auf dem Betonhof auf Inlineskates zwei Tischtennisplatten. Sie laufen an zweistöckigen Kasernengebäuden vorbei. 22 steht mit weißer Farbe an einer Eingangstür geschrieben, 24 an einer anderen. Ein Kind turnt hinter einem Fenster und drückt das Gesicht gegen die Scheibe, Dieter winkt. Der Putz bröckelt von der Fassade, neben einem kleinen Treppenaufgang liegt ein Ball, dessen Farbe nicht mehr zu erkennen ist. Pink, denkt Greta, der war mal pink. Hinter dem Kasernenkomplex biegen sie um die Ecke. »Da hinten sind die Versorgungszelte, wir haben hier insgesamt vier, und da drüben sind die Männer untergebracht. Die Familien kommen meistens in die Häuser«, sagt Dieter und zeigt auf eine Grasfläche, so groß wie ein Fußballfeld. »Es ist eine totale Scheiße passiert.« Sauber aufgereiht stehen zwei Dutzend weißer Zelte, über denen Rauch liegt, oder Nebel. »Es ist eine totale Scheiße passiert, echt«, sagt Dieter nochmal, »kannst du Autofahren? Komm ich erklär es dir im Zelt.« Er schiebt eine Plane zur Seite, drückt ihr einen Becher mit schwarzem Tee in die Hand. Ein paar Menschen sitzen an Bierbänken und spielen Karten oder schauen auf ihre Handys, ein Stromgenerator brummt, »Salam-e-aleikum«, sagt Greta, »Alaikum-a-salam«, sagen sie und lächeln. Die Luft ist heiß und stickig, aber es riecht genauso wie im Zelt am Lageso und plötzlich ist sie ganz wach. »Was ist denn passiert«, fragt sie. »Eigentlich wollten wir zu Weihnachten gar nix machen, wir haben ja eh kaum Christen hier, aber dann dachten wir, wenigstens ein schönes Essen können wir organisieren«, sagt Dieter. »Ehrlich, diesen Reis mit heller Sauce kann hier niemand mehr sehen. Außerdem müssen die Refugees normalerweise draußen anstehen, an diesem Häuschen da«, und zeigt auf eine kleine weiß-rote Wellblechhütte auf der Wiese, »60 Minuten pro Mahlzeit hat das offen, und dann stehen die da draußen eine Stunde in der Schlange. Bei dem Wetter, ehrlich, das hält doch niemand aus. Also haben wir die Campleitung überredet, das Essen hier drinnen auszuteilen, wegen Weihnachten und so, und wir haben über ›Gießen hilft‹ Geld gesammelt, damit es was Leckeres gibt.« »Super«, sagt Greta, »Weißt du, was die hier machen«, fragt Dieter. »Die stellen sich Milch auf die Heizung, so machen die Jogurt, weil man das im Camp nicht bekommt und es hier keine Kühlschränke gibt. Naja, jedenfalls hat der Caterer heute Morgen 80 Kilogramm Schweinefleisch gebracht.« Greta sagt nichts. »Verstehst du?«, sagt er, »wer soll denn das hier essen. Wir haben 80 Prozent Muslime hier. Isst kein Mensch. Schweinefleisch. Das ist echt ein Witz. Bringt der Typ Schweinefleisch. Wir kriegen jetzt was anderes, Hühnchen. Scheiß Hühnchen, kann auch niemand mehr sehen, aber besser als nix. Du könntest uns einen Riesengefallen tun und das abholen. Kriegst mein Auto. Dann können wir hier die Essensausgabe organisieren.« »Klar«, sagt Greta, »klar kann ich das machen.« Am Lageso hatte es letzte Woche Krach gegeben. Ein paar der Volunteers wollten vegetarisches Essen verteilen. »Das ist Müll, das essen wir nicht. Warum gebt ihr uns kein richtiges Essen, wir sind keine Tiere. Behandelt uns nicht wie Tiere«, hatten ein paar Refugees gesagt. »Kennst du Einar Schleef?«, fragt Dieter. »Ich glaube nicht«, sagt Greta. »Die Gemeinschaft bleibt immer eine Utopie, deshalb brauchen wir ein Opfer«, sagt Dieter. »Du meinst das Fleisch?«, fragt Greta. »Ist nicht so wichtig«, sagt Dieter, »jedenfalls brauchen wir hier was Ordentliches zu essen. Hat einfach was mit Respekt zu tun.« Greta erinnert sich an ein Gespräch mit einer Helferin am Lageso, die im Frühjahr auf Lesbos gewesen war. Sie hatte erzählt, dass ein Schweizer Team Packungen mit Müsliriegeln abgelehnt hatte, weil sie nicht vegan waren.

Zwanzig Minuten später sitze ich in Dieters altem Opel Combo und versuche, die beschlagene Fensterscheibe frei zu wischen. Du.machst.alles.richtig. sage ich mir, wie ein Mantra. Du.machst.alles.richtig. Mein Handy piept. »Greta, Mama weint. Ist richtig scheiße, dass du nicht da bist. Sorry, ich muss dir das sagen. Halt trotzdem durch. Lina«. Ich wische mit meinem Jackenärmel an der Scheibe rum und fahre an einem Aufsteller mit Zigarettenwerbung vorbei, *Will you stay real*, steht in roten Buchstaben darauf. »Sie haben ihr Ziel erreicht«, sagt die Frauenstimme von Google Maps.

»Hallo?«, ruft Greta. Lange Futtertröge ziehen sich längs durch die Halle, das Neonlicht taucht die Tiere in kaltes Licht. Der Geräuschpegel ist ohrenbetäubend und das Schreien der Hühner rauscht in Gretas Ohren. Dichter Staub liegt wie ein Weichzeichner in der Luft. Direkt vor ihr kippt ein Huhn bei dem Versuch ein paar Schritte zu gehen vorne über auf die Brust, überall sieht man die nackte, dunkelrote Haut und abgebrochene Federn, hinten am Futtertrog liegt ein verendetes Tier, dessen Knochen am Flügel hervorschauen, der Hals merkwürdig verrenkt. Greta zieht sich den Schal über den Mund und legt das Kinn auf die Brust, what the fuck denkt sie. Sie geht ein paar Schritte rückwärts, lässt den Blick bis zum Ende der Halle streifen und sieht einen Menschen im weißen Schutzanzug.

Zügig bahnt er sich einen Weg durch die Tiere und kickt sie mit dem Fuß zur Seite. Auf die Hüfte hat er einen weißen Plastikkäfig geklemmt, mit raschen Bewegungen zieht er Tiere am Flügel hoch und wirft die zappelnden Federbündel mit einem heftigen Schwung in den Korb. »Hallo!«, ruft Greta nochmal, der weiße Mann dreht den Kopf und blickt zu ihr und ändert seine Richtung. »Verdammte Scheiße, was machst du hier, wie bist du überhaupt reingekommen?«, fährt er sie an. Greta sieht ihr unscharfes Spiegelbild in seiner Schutzbrille. »Ich komme von ›Gießen hilft‹, ich soll Fleisch abholen«, sagt Greta. »Aber doch nicht hier, Mädchen, hier ist Impftrupp-Gebiet. Raus mit dir. Kannst doch nicht einfach hier reinmarschieren.« »Wo muss ich denn hin«, fragt Greta, und mit einer ungeduldigen Handbewegung scheucht der weiße Mann sie nach draußen.

Sie stiefelt über das Gelände, vorbei an ein paar Kabeln, die an der hellen Außenfassade hängen und einem grünen Eckhaus, immer weiter Richtung der parkenden Lastwagen, und stößt auf etwas, das wie der Haupteingang aussieht. »Ah, du bist der Helfer wegen dem Fleisch«, sagt ein fülliger Mann in Gummistiefeln zu ihr, auch er trägt einen weißen Schutzanzug, aber der ist aus einem dickeren Material, darüber eine glänzende Plastikschürze. Helferin, denkt Greta, und folgt ihm durch die Gänge. Sie kommen an einem großen Fenster vorbei, dahinter fahren nackte Tierleiber entlang, die abgeschlagenen Füße mit kleinen Metallklammern festgehakt, die aussehen wie ein Werkzeug beim Zahnarzt. Rhythmisch baumeln die leblosen Köpfe vor und zurück, gebrochene Genicke, die Schnäbelchen geöffnet, ein paar dünne Fleischfetzen hängen aus den aufgeschlitzten Leibern und verkleben sich mit den langen Hälsen. »Eigentlich darfst du hier gar nicht rein, aber morgen ist ja Weihnachten, gell? Wir sind die größte

Schlachterei in Hessen, schaffen zweihunderttausend Tiere am Tag«, erzählt der Mann laut, ohne sich umzudrehen. »War ja ein bisschen kurzfristig, die Anfrage, aber naja, morgen ist ja Weihnachten? Ich hab auch schon Kleidung gespendet, mit meiner Frau, die armen Leute, die brauchen ja auch was zum Leben hier.« Greta nickt der weißen Schürzenschleife auf seinem Rücken zu. »Komm ich trag dir das nach draußen, haste 'n Auto?«, sagt er, und beugt sich über einen großen Blechkanister mit Tüten darin, in denen das Fleisch sich als glasige Masse gegen das Plastik drückt. »Welcome to Europa«, murmelt Greta, als sie den Motor startet, »welcome to fucking Europe.«

Ich trage die Plastiksäcke nach drinnen, unten hat sich eine Lache aus hellrotem Blut gesammelt. Ich hab das letzte Mal heute Morgen was gegessen, Brötchen mit Manchego-Käse, ich denke an unseren Frühstückstisch, den Milchkaffee, meinen Vater in Hausschuhen, die Tüte klatscht beim Laufen gegen meine Beine und ich fühle das glatte Fleisch durch meine Hose. Im Zelt riecht es nach Pommes und Fett, ich spüre den bitteren Tee im Magen. Ich muss an die Begegnung mit einer Syrerin am Lageso denken, mit der ich lange Tee getrunken hatte, um die Zeit zu vertreiben während sie wartete. Sie hatte mir Bilder von ihrer Flucht auf dem Handy gezeigt, dunkle, hektische Aufnahmen auf dem offenen Meer. Und leblose Körper am Strand. Von Menschen, die es nicht geschafft hatten, namenlos, gesichtslos. Ich denke an die wippenden Hühnerköpfe, an die großen Blasen, welche die Haut der Ertrunkenen auf dem Bild geschlagen hatte, an ihre graue Farbe, die aufgeblähten Leiber, wie Treibgut, verrenkt im seichten Wasser. Mir wird schlecht.

Greta stützt ihre Hände von hinten in die Nierengegend und beugt sich nach vorne, spuckt aus und nimmt einen tiefen Atemzug, um die Übelkeit unter Kontrolle zu bekommen. Langsam bläst sie die Luft durch die gespitzten Lippen und geht wieder nach drinnen. »Hey«, sagt ein junger Typ neben dem Eingang. Er trägt eine rote Baseballkappe, auf der OBEY steht, und eine hellgraue Skinny Jeans. »You are new?«, fragt er. Ja, sagt Greta, sie sei ganz spontan aus Frankfurt gekommen. »That's so nice of you«, sagt er, »My name is Imran. You don't celebrate christmas?« Sie reden eine Weile über das Essen, ob er Hühnchen mag, fragt Greta, dass er aus Afghanistan fliehen musste, weil sein Vater für das US-Militär als Übersetzer arbeitete und nun die Familie von den Taliban verfolgt wird, erzählt Imran. Als die Taliban eine Bombe in ihren Vorgarten schmissen, beschlossen sie zu fliehen, und ein Teil seiner Familie sei jetzt in Pakistan oder im Iran. Ganz genau wisse er das nicht, denn es hätte nach der Flucht keine Sim-Karte mehr gegeben, um den Kontakt zu halten. »I pray everyday they are alive, but I don't know«, sagt Imran und lächelt. Dieter kommt und gibt ihm einen Handschlag. »Hat er dir seine Geschichte erzählt? Die US-Botschaft in der Türkei hat ihnen nicht mal einen Termin gegeben. Die kümmern sich einen Scheiß um die Leute. Greta nimmt sich vor, dass sie zu Hause über die Situation ehemaliger Angestellter der US-Regierung in Afghanistan recherchieren wird, irgendeine Organisation, die sich damit auskennt, muss es doch geben. Sie tauscht Facebook-Kontakte mit Imran. Dann kommt die Übelkeit wieder.

»Sag mal Dieter, sorry, mir geht's irgendwie nicht so gut. Wenn ihr mich nicht noch ganz dringend braucht, würde ich direkt wieder abhauen?«, sagt Greta. Dieter zieht die Augenbrauen hoch. Er steht hinter einem langen Cateringtisch am Rand des Zeltes und schneidet neben ein paar anderen Menschen Salat. »Bist du sicher? Wir feiern nachher noch, ein paar Syrer legen Musik auf, das wird bestimmt total nett. Renate wollte sogar noch ein paar Bier reinschmuggeln.« Klar wird das super, tausendmal besser als zuhause, wahrscheinlich ist mir auch in einer Stunde nicht mehr schlecht, denkt Greta. Sie könnte noch ein bisschen mit Imran quatschen und Renate kennenlernen und tanzen und eigentlich wollte sie Dieter noch fragen, wie sie hier die Erlaubnis fürs Volunteering bekommen, weil das in Berlin manchmal schwierig ist. Aber gleichzeitig fühlt sie sich unglaublich kraftlos und eigentlich hatte sie sich vorgenommen, sich nicht mehr anderen zuliebe zusammenzureißen, wenn sie zu erschöpft ist. »Klingt super«, sagt sie, »aber mir ist echt nicht so. Wär das ok?« »Na klar ist das okay, aber ich kann dich halt jetzt nicht fahren«, sagt Dieter und fuchtelt entschuldigend mit dem Messer.

Ich fahre mit dem Taxi zurück zum Bahnhof und lehne im Auto den Kopf gegen die Rückbank. Am Bahnhof ist alles geschlossen. Ich schaue ein paar Tauben am Gleis zu, wie sie einen Dreier planen und versuche mir einzureden, dass es nicht kalt genug ist, um krank zu werden. Nur weil man 45 Minuten an einem Bahngleis steht. Was für ein scheiß Tag. Vielleicht hätte ich doch im Camp bleiben sollen. Wieso wollte ich nochmal gehen? Und wohin? Ich schreibe eine SMS an Lina: »Irgendwie mache ich alles falsch. Keine Ahnung. Störung des Herzbauchgefühls.« »Die Kraft ist immer am größten, wo der Eingang am engsten ist«, antwortet sie. Scheiß Kunst, denke ich, aber eigentlich bin ich ihr dankbar, weil das eben ihre Art ist, mich zu trösten.

Als ich zu Hause ankomme, ist nur noch das kleine Licht im Flur an. Alle schlafen schon. Ich denke, dass ich innen und außen nicht unterscheiden kann. Was ich will und was andere von mir wollen wird zu einem Brei, einem diffusen Gefühl, ich kenne das schon aus dem Studium. Aber das Helfen hat sich bisher immer richtig angefühlt. Für mich. Dabei geht's ja gar nicht um mich. Was ist denn los mit dir! Schalt dein Hirn ein, denke ich, nee, schalt dein Hirn aus. Reiß dich zusammen. Irgendwie muss das anders werden. Besser. Aber nicht mehr dieses Jahr. Nächstes. Barfuß tapse ich in die Küche, Mama hat die Heizung angelassen. Ich öffne den Kühlschrank, das Licht wirft einen hellen Schatten auf das Parkett. An der offenen Tür klaube ich mir ein paar Sushi-Teile unter der Frischhaltefolie hervor. Kalte Reste. Ich gehe ins Bett und suche mit den Augen die Dunkelheit ab.

*Kristof Magnusson*

# In Tegel blinkt ein rotes Licht

Roman kam in Tegel auf einer Außenposition an. Das Flugzeug war gelandet, an den Fluggastbrücken vorbeigerollt und dann mitten auf dem Rollfeld zum Stehen gekommen. Sie mussten noch auf die Busse warten, bis sie aussteigen konnten, doch das machte nichts. Roman hatte es nicht eilig. Er fühlte sich auf dieser Außenposition eigentlich ganz wohl.

Aus seinem Fenster konnte Roman den sechseckigen Tower und das Flughafengebäude sehen, an dem jeglicher Weihnachtsschmuck fehlte, kein Baum, keine Lichterkette, keine herabtropfenden LED-Schneeflocken. Roman wunderte sich nur kurz über diesen Mangel an Festlichkeit, dann kam er ihm geradezu logisch vor, schließlich war ein Flughafen das ganze Jahr mit blinkenden Lichtern geschmückt – da musste man wohl nicht unbedingt an Weihnachten noch etwas hinzuhängen.

Schließlich kam genau ein Bus. Das reichte für die wenigen Passagiere dieses ersten Fluges aus Frankfurt, die nach und nach einstiegen, einige Alleinreisende, zwei oder drei Paare und eine Familie mit kleinen Kindern, die Roman etwas länger betrachtete. Das Mädchen und der Junge hatten *SpongeBob-*

Rollköfferchen in orange und grün, die Eltern gähnten. Alle diese Menschen hatten eine Form von Weihnachten gehabt. Nur Roman nicht. Er war über Weihnachten hinweggeflogen.

Als er am Heiligen Abend am Flughafen von Honolulu aus dem Taxi gestiegen war, hatte die Sonne noch geschienen. Es waren 22 Grad gewesen, auf den Verkehrsinseln standen Palmen, die Polizisten trugen Hemden mit kurzem Arm. Der erste Weihnachtstag verging mit Umsteigen in der Wüste von Arizona, in Chicago, und als die Stewardess heute Morgen in Frankfurt etwas vom 26. Dezember sagte, war Roman regelrecht überrascht gewesen. Der *sechsundzwanzigste* Dezember? Er überlegte, ob die Stewardess sich versprochen hatte, doch das hatte sie nicht: Der Zeitunterschied zwischen hier und Hawaii hatte dem Weihnachtsfest elf Stunden genommen, die Reisezeit kam hinzu, dies war wirklich der zweite Weihnachtstag.

Einfach über die Feiertage hinwegfliegen – für Weihnachtshasser wäre das großartig gewesen. Doch zu denen gehörte Roman nicht. Er mochte Weihnachten, und dieses Jahr hatte es sogar besonders schön werden sollen: Schließlich war es das erste Weihnachten mit Marius, den er bei der letzten Langen Nacht der Museen in einem vollgestopften Bus-Shuttle zwischen der Berlinischen Galerie und dem Kupferstichkabinett kennengelernt hatte. Das war im Sommer gewesen. Nun, an Weihnachten, waren Roman und Marius zum ersten Mal gemeinsam in den Urlaub gefahren. Jetzt war Roman allein zurück, viel früher als geplant, und ihm war so, als hätte Weihnachten nie stattgefunden, und nicht nur das. Er fühlte sich, als wäre auch das mit Marius nie passiert. Als hätte es diese Liebe nie gegeben.

Begonnen hatte alles mit einem Traum von bescheidener Freiheit. Die letzten Weihnachten hatte Roman bei seiner Chefin Francesca verbracht, die jedes Jahr für ihre alleinstehenden Mitarbeiter Gänsebraten machte. Francesca betonte gern, dass es sich bei ihrer Marketing-Agentur eigentlich um eine große Familie handelte – wahrscheinlich, damit sich das Feuer, das sie ihren Mitarbeitern unter dem Hintern machte, ein bisschen wie Nestwärme anfühlte.

Auch in diesem Herbst hatte Roman wieder erlebt, wie Francescas gestresste Gesichtszüge etwas Mildes bekamen, während sie die chronisch Glücklosen und frisch Getrennten reihum einlud. Roman wurde gar nicht erst gefragt, sie ging einfach davon aus, dass er kam, wie in den acht Jahren zuvor. Doch Roman waren diese Abende schon seit Jahren zuwider. Er hasste den Wein, die Gespräche, die fröhliche, ostentativ unweihnachtliche Musik und das sichere Gespür, mit dem Francesca im richtigen Moment Schnulzen von Dean Martin oder Barbra Streisand auflegte, um dem Abend dann doch eine gewisse melancholische Wichtigkeit zu verleihen. Als Roman Marius kennenlernte, hatte er sofort die Chance gewittert, Francescas Single-Speisung dieses Jahr zu entkommen. Also schlug er Marius vor, dass sie gemeinsam nach Hiddensee fuhren, auch wenn sie sich erst wenige Monate kannten. Marius antwortete: »Hiddensee. Klar. Oder Hawaii.« Roman lachte. Marius auch. Und hatte am nächsten Tag für zwei Wochen gebucht.

Roman hatte anfangs einen Schreck bekommen. Ganz im Ernst Hawaii, so weit weg war er noch nie gewesen. Dann gefiel ihm die Idee immer besser. Marius war ein spontaner Mensch, er hatte sogar eine Tierpension für Romans Kater *Jónsi* organisiert. Mehr brauchte es nicht, damit Roman sich mitreißen ließ.

Der Bus brachte sie zur Gepäckausgabe. Roman stellte sich an das Förderband. Hier und da piepte ein wieder angeschaltetes Handy durch die morgendliche Stille, und wenig später setzten sich die ordentlich ineinandergefügten schwarzen Lamellen auch schon in Bewegung. Die ersten Gepäckstücke kamen: Koffer rot, Koffer schwarz mit Gurt, Rollkoffer grau. Der Anblick hatte etwas Beruhigendes, wie Skispringen im Fernsehen schauen. Bald rumpelte Romans Rucksack heran. Roman streckte die Hand aus. Und zog sie wieder zurück. Sein Rucksack zog vorbei.

Nach der langen Flugreise fühlte Roman sich mies. Durchleuchtet, gefilzt, befummelt, mit Einheits-Essen und Einheits-Entertainment ruhiggestellt. Die viele Zeit zum Nachdenken hatte ihm nicht gut getan, schon auf dem Hinflug nicht. Anfänglich hatte er sich noch auf die zwei Wochen mit Marius gefreut.

Aber als sie nun so nebeneinander saßen und immer weniger wussten, was sie tun, geschweige denn reden sollten, blieb diese Vorfreude in seiner Seele nicht lange allein. Sie vermischte sich mit anderen Gefühlen, erst kam Langeweile hinzu, dann Skepsis, Scham, und kurz vor der Zwischenlandung in Chicago fragte Roman sich, ob er nur nach Hawaii flog, weil er sich nicht getraut hatte, ehrlich zu seiner Chefin zu sein. Er hätte ihr doch einfach sagen können, dass er keine Lust auf ihr Weihnachtsessen hatte. ›Warum hatte er das nicht getan?‹, hatte Roman sich gefragt, obwohl er die Antwort darauf wusste: Er hatte nicht den Mut gehabt. Er war nie eine Krawallschachtel gewesen. Nicht einmal eine Krawallstreichholzschachtel.

Sie flogen weiter nach Honolulu, legten sich an den Strand, und das mulmige Gefühl ließ nach, zumindest für einen Tag. Doch schon am zweiten Tag wollte Marius unbedingt etwas unternehmen, während Roman einfach am Strand liegen blieb. Als Roman auch am dritten Tag wieder an den Strand wollte, wischte Marius eine Weile auf seinem Handy herum und verkündete stolz, er habe Tickets für eine Delphin-Show gekauft. Ganz spontan.

Da brach es aus Roman heraus: Er habe sich diesen Urlaub weiß Gott anders vorgestellt, als dressierten Tieren zuzusehen, die im Kreis schwammen und auf Kommando in die Luft sprangen! Dann gab ein Wort das andere und eine Stunde später hatte Roman seine Sachen gepackt.

Romans Rucksack zog zum zweiten Mal vorbei. Immer wieder fielen ihm Gesprächsfetzen ein, Streitfetzen. Hatte jemand von ihnen angedeutet, sich trennen zu wollen? Roman war sich nicht sicher. Nun schaltete auch er sein Handy an. Keine Nachricht.

Als Romans Rucksack zum dritten Mal erschien, packte er ihn und ging ähnlich rasch wie die anderen Fluggäste durch den Ausgang, als müsste auch er irgendwohin. Er passierte einen Hot-Dog-Stand, den Burger King und die Kamps-Bäckerei, die sich eine neue Belagvariante für das landesweit verbreitete Standardbrötchen ausgedacht hatte. Starbucks warb für Lebkuchen-Latte.

Am Haupteingang entdeckte er vor einer riesigen, sechseckigen Säule einige Wegweiser: New York 6387 km, Bangkok 8599 km. Er sah weiter empor, durch ein aus gläsernen Dreiecken zusammengesetztes Dach in den schwarzen Himmel. Wie viele Kilometer waren es bis Hawaii?

Er ging weiter, immer im Kreis oder, besser gesagt, im Sechseck. Bald hatte er den Hot-Dog-Stand wieder erreicht, passierte erneut den Burger King, Kamps, drehte noch eine Runde, sein Rucksack und er, bis sein Telefon piepte. Eine Mail.

Von Francesca. Betreff: *Gänseklein*. Gestern seien Reste übrig geblieben, so dass es heute noch ein Essen gebe. Sie hatte die Mail an alle Mitarbeiter geschickt, egal, wen es betraf. Roman ging schneller. Noch ein Sechseck, dann ein weiteres, noch eins, und doch wusste er genau: Er konnte nicht ewig hier bleiben. Er musste nach Hause fahren. Seinen Freunden Bescheid sagen, dass sie nicht mehr die Blumen gießen und den Briefkasten leeren mussten, er musste irgendwo eine Milch kaufen, *Jónsi* aus der Katzenpension holen und ahnte auch schon, was er dann tun würde: Er würde zu Francesca gehen. Erzählen, was passiert war, Fragen beantworten, auf die er keine Antwort wusste. Die alleinstehenden Kolleginnen und Kollegen würden ihn bemitleiden und sich doch mehr oder weniger unbewusst freuen, dass er wieder zu ihnen gehörte.

Roman musste stehen bleiben, um nicht mit einem Flughafenmitarbeiter in Warnweste zusammenzustoßen, der aus einer Tür herauskam und, den Blick auf sein Telefon gerichtet, Richtung Ausgang ging. Der Flughafenmitarbeiter hatte ihn nicht bemerkt – ebenso wenig, wie er bemerkt hatte, dass die Tür, aus der er gekommen war, sich nicht wieder vollkommen schloss. Roman zögerte. Auf der Tür stand NOTAUSGANG, daneben befand sich ein Eingabefeld für einen Zahlencode, an dem ein rotes Lämpchen blinkte.

Das konnte nicht sein. Solche Türen schlossen immer, dachte Roman, und falls nicht, was ging es ihn an? Dennoch zog er an dem Griff. Sie öffnete sich. Roman bekam einen solchen Schreck, dass er die Tür festhielt. Er musste sie loslassen, sofort, einfach weitergehen, als sei nichts gewesen. Falls nicht längst jemand eilig auf ihn zugelaufen kam, wahrscheinlich kam schon im nächsten Moment ... Roman sah sich um. Niemand hatte ihn bemerkt.

Er ging durch die Tür und betrat ein schmuckloses Fluchttreppenhaus. Eine Treppe führte nach oben, eine nach unten. Das hatte er nun gesehen, okay. Ganz spontan. Jetzt musste er hier raus, bevor jemand kam. Raus. Und zu Francesca.

Roman ging hinunter, erreichte einen Treppenabsatz, ging weiter, bis die Treppe an einer zweiten Tür endete. Auch hier blinkte an dem Eingabefeld für den Code ein rotes Licht, auch sie ließ sich öffnen. Roman tat einen Schritt ins Freie und stand, er konnte es kaum glauben, er wusste nicht, was er erwartet hatte, aber das nun wirklich nicht, er stand direkt auf dem Rollfeld.

Es wurde langsam hell, wenn man sie denn so nennen konnte, diese ins Bläuliche gewandelte Finsternis, die in Berlin bis weit in den Vormittag hinein so tat, als wäre sie ein Tag. Wenige Meter entfernt stand ein Airbus. Ein orangefarbener Wagen kam, zwei Männer mit Ohrenschützern luden Gepäckstücke auf den Wagen. Erst als einer der Männer ihm einen Blick zuwarf und dann einfach weiterarbeitete, überlegte Roman, was passierte, wenn man ihn erwischte. Würde er sich damit rausreden können, er habe sich verlaufen? Doch wer verlief sich schon in Tegel?

Auf der anderen Seite – die Katze war versorgt, die Blumen wurden gegossen, seine Chefin wähnte ihn auf Hawaii. Selbst wenn sie ihn verhafteten, würde es irgendwie gehen. Und wenn nicht, wäre er jetzt zwei Wochen frei.

Roman löschte die Mail von Francesca. Dann schrieb er eine SMS an Marius: *Ich bin gut angekommen. Im neuen Jahr hole ich unseren Jónsi aus der Tierpension. Bis dann.* Er setzte noch einen Doppelpunkt dahinter, einen Bindestrich, eine geschlossene Klammer. Dann drückte er auf ›senden‹.

# Schöne Bescherung

*Bärbel Reetz*

# Nächstes Jahr bei uns

»Und nächstes Jahr bei uns«, sagten sie, hauchten Küsschen rechts, Küsschen links, winkten noch einmal, bevor sie lachend im Fahrstuhl verschwanden. Das versprachen sie jedes Jahr, wenn sie gänsebratensatt und angeheitert in die Weihnachtsnacht davonzogen, die Freunde. Und Jens fügte mit schwerer Zunge ein träges »ich geh schlafen« hinzu und verschwand. Jens, mein – ja, was war Jens? – mein, wie sich nach dem Weihnachtsfest bald herausstellen sollte, Lebensabschnittspartner. Ein grässliches Wort, obwohl es sehr genau den Sachverhalt ausdrückt: ein Partner, nicht fürs ganze Leben, sondern nur für einen Abschnitt.

Ich hatte das, als wir zusammengezogen waren, anders gesehen, wollte heiraten, aber Jens meinte, auf Konventionen verzichten zu können. »Wir sind doch so gut wie«, sagte er, ohne das Schreckenswort auszusprechen: verheiratet. Aus seinem Mund hätte es ohnehin geklungen wie verhaftet, was für einen Strafverteidiger auch ein Unwort ist. Haftverschonung, Hafterleichterung, Freispruch waren seine anwaltlichen Ziele und sein privates Credo: so gut wie. Als Haftrichterin hätte ich Einwände vorbringen, mit ihm diskutieren können, als Frau an seiner Seite wagte ich es nicht, denn Streit mied ich seit Kinderzeiten. Damals ängstigten mich das nächtliche Gebrüll und die gelegentlichen Schlägereien in der Schankstube des elterlichen Gasthofs, vor denen ich mir im Bett die Ohren zuhielt. In der Schule und auf dem Sportplatz versuchte ich Streit zu schlichten, zu vermitteln, herauszufinden, wer Recht hatte. Und so war niemand im Dorf erstaunt, als ich in die Stadt zog, um Jura zu studieren.

Zuerst in Freiburg. Nah genug beim Gasthof, um zu Ostern, Weihnachten und bei Hochzeiten in der Küche und im Service helfen zu können. Erst als ich nach Berlin gezogen war, hatten die Eltern einsehen müssen, dass jetzt Schluss war mit der Gastwirts- und Saaltochter. Und dort, auf dem Parkplatz des Landgerichts in Mitte hatte eines Tages ein Cabrio meinen Wagen blockiert. Wütend, nicht wegfahren zu können, wollte ich zum Gebäude zurücklaufen, aber da kam er mir schon entgegen, den Talar über dem Arm, munter »Tschuldigung« rufend: Jens. Der Mann mit dem unwiderstehlichen Lachen und den dunklen, krausen Haaren, die meine Mutter beim Besuch im Dorf zum Ausspruch »krause Haare, krauser Sinn«, veranlasst hatte, einem dieser Sprüche, die sie Lebensweisheiten nannte. Aber seinem Charme hatte auch sie sich nicht entziehen können.

Ich streifte meine Hackenschuhe ab und trottete auf Strümpfen vom Flur ins Esszimmer, blieb am Kopfende der langen Tafel stehen, die ich nachmittags in festlichem Weiß und Silber gedeckt hatte. Dazu Leuchter mit roten Kerzen, Ilexzweige mit roten Beeren. Die Speisefolge sagte ich an, wenn ich aus der Küche kam, um aufzutragen. Aber wenn einer anmerkte: »ganz die Gastwirtstochter«, empfand ich das nicht als Lob, sondern wie eine Herabsetzung.

Ich ließ mich auf einen Stuhl fallen, bewegte die schmerzenden Zehen und betrachtete das, was vom Essen übrig geblieben war: schmutzige Teller, halbvolle Gläser, herumliegendes Besteck, Flaschen zwischen Ilex-Zweigen, heruntergebrannte Kerzen, achtlos hingeworfene Servietten samt bekleckertem Tischtuch, an denen die einzelnen Gänge von den Vorgerichten über den Gänsebraten bis zu Dessert und Espresso abzulesen waren. Erschöpft langte ich nach der Schnapsflasche – Kirschwasser von daheim –, trank, wischte mir die brennenden Lippen und begann, den Tisch abzuräumen. Ich löschte die letzten Kerzen und öffnete die Fenster. Sehr fern meinte ich schrilles Frauenlachen und die Stimmen der Freunde zu hören, die sich im Dunkel der Straße verloren.

Ich band eine Schürze um und mein Haar im Nacken zusammen, füllte den Mülleimer mit Gänseknochen und Speiseresten, belud den Geschirrspüler und schaltete ihn an. Routine. Eingeübt in vielen Weihnachtsnächten daheim, wenn die Mutter die geschwollenen Füße hochlegte und erleichtert seufzte, dass die Schlacht geschlagen war. Gemeinsam geschlagen. Das heutige Schlachtfeld zu räumen, war jedoch an mir hängengeblieben. In den ersten gemeinsamen Jahren hatte Jens geholfen, den Tisch abzuräumen, und dabei über unsere Gäste gelästert. Darin war er ein Meister: Menschen treffend-witzig zu karikieren, zu kritisieren. Auch seine Freunde, denn nur die wurden zum Weihnachtsessen eingeladen: die Kollegen aus der Kanzlei, seine Tennispartner und die Bootscrew vom Wannsee. Sie kamen mit »Anhang«, der bei einigen Männern von Jahr zu Jahr wechselte.

Bernd hatte dieses Mal eine aparte Rothaarige mitgebracht, sehr schlank, sehr elegant, sehr ironisch. Tolle Frau, hatte Jens gemurmelt, ihr immer wieder zugetrunken und sie – aber vielleicht bildete ich mir das auch nur ein – beim Abschied besonders intensiv umarmt. Der Gedanke daran ärgerte mich. Ich holte die Tischdecke und die Servietten aus dem Esszimmer, stopfte sie in die Waschmaschine, knallte die Tür zu. Sollte Jens davon wach geworden sein, wäre es mir recht gewesen. Los, steh auf und hilf mir! hätte ich sagen wollen, aber er lag ausgestreckt auf dem Rücken und schnarchte mit halb offenem Mund.

Am nächsten Tag packten wir die Koffer, um unsere alljährlichen Jahresend-Reisen anzutreten: Jens flog mit den Wannsee-Freunden gen Süden, um zu segeln, ich fuhr nach Gargellen zum Skilaufen. Das hatten wir schon während unserer Single-Zeit so gemacht und beibehalten. Ich konnte nicht segeln, er nicht Skilaufen. Er kam von der Küste (Salzkartoffeln und Grünkohl zur Gans) und ich aus dem Schwarzwald (Gans mit Klößen, Rotkraut und Maronen).

Gut erholt begannen wir das neue Jahr. Mit viel Arbeit. Vermutlich war das auch der Grund, dass mir erst Mitte Februar auffiel, dass Jens oft das Zimmer verließ, wenn sein Handy klingelte, dass er häufiger abends Termine hatte, auch am Wochenende in die Kanzlei ging, um ungestört arbeiten zu können. Als ob ich ihn jemals gestört hätte! Ich wurde misstrauisch, verbot mir jedoch, ihm nachzuspionieren, und tröstete mich damit, dass er nach der Rückkehr vom Segeln leidenschaftlicher mit mir schlief als zuvor. Aber es fühlte sich anders an, so als teilte ich mit einem Unbekannten das Bett. Oder als meinte er nicht mich, sondern eine andere. Verunsichert schnupperte ich an seinen Hemden, den Jacketts, quälte mich mit der Frage nach einem fremden Duft.

Als ich ihn zu Ostern in den Jacht-Club begleitete, wo die Freunde ihre Boote startklar gemacht, zu Wasser gelassen und auf den Beginn der Segelsaison angestoßen hatten, sah ich plötzlich bestätigt, was ich vermutet, aber verdrängt hatte: Jens und die Rothaarige waren ein Paar. »Hast du das nicht gewusst?«, fragten die Kollegen mitleidig. »Hast du nichts gemerkt?«, fragte meine Freundin, die Staatsanwältin, die nach ihrer Scheidung ein geschärftes Auge für Affären hatte. »Nein«, sagte ich und begann zu weinen, aus Schmerz, Enttäuschung und Selbstmitleid. Ich weinte und konnte nicht aufhören. »Stell ihn zur Rede«, riet die Freundin, in deren Haus ich die Nacht verbrachte.

Und dann ging alles ganz schnell. Jens schien erleichtert, sein Doppelleben aufgeben zu können. Ja, er liebt sie und will zu ihr ziehen, nein, er will die Wohnung nicht haben. »Keine Formalitäten«, sagte er. »Keine«, bestätigte ich, »wir sind ja nur so gut wie«, und setzte mich ins Auto, fuhr los, ohne zu wissen wohin.

Seine Sachen packte er, während ich im Gericht war. Plötzlich gähnte viel Platz im Schrank, den leeren Schubladen. Meine Zahnbürste steckte allein im Glas. »Bist du nicht erleichtert?«, fragte die Staatsanwältin. »Genieß deine Freiheit«, riet eine andere Freundin. Ich zuckte die Achseln und war dankbar dafür, dass mich die Kollegen bei der Prozessplanung davor schützten, Jens in einer Verhandlung gegenübersitzen zu müssen. Manchmal sah ich ihn, wenn er die Treppen im Gericht hocheilte, Akten unter und den Talar über dem Arm, oder auf dem Flur im Gespräch mit einem Mandanten. Wir grüßten mit Kopfnicken, sprachen jedoch nicht miteinander. Ich mied Restaurants, in denen wir gegessen hatten, sah ihn einmal in der Oper mit der Rothaarigen. Sie trug ein enges algengrünes Kleid, und ich versteckte erschrocken mein Gesicht hinter dem Programm. Aber die Stadt, so schien es, war groß genug, sich aus dem Weg zu gehen.

Die Monate vergingen schnell. Die Kränkung verging langsam. Ich traf meine Freundinnen, seine Freunde sah ich nicht mehr. Die Wohnung hatte ich umgeräumt, ein Schlafsofa gekauft und in mein Arbeitszimmer gestellt. Das Bett blieb leer. Doch als der November zu Ende ging und die Weihnachtsmarkt-Buden aufgebaut wurden, begannen alle von ihren Feiertagsplänen zu reden. Erster Advent. Tannengrün, Glitzern, wohin man schaute. Es roch nach Glühwein und gebrannten Mandeln, Kling Glöckchen dudelte es, White Christmas. In der Eingangshalle des Gerichts leuchtete mir der große Tannenbaum entgegen. Es war die Zeit, Plätzchen zu backen, die Gans beim Bauern abzuholen und das Weihnachtsessen zu planen. Ich versuchte, nicht an Weihnachten zu denken. Arbeitete viel. Sagte mir, dass ich froh sein sollte, den Stress mit dem Einkaufen und Kochen nicht mehr zu haben. Nicht wieder »nächstes Jahr bei uns« hören zu müssen, ein Versprechen, das keiner unserer Weihnachtsgäste je eingelöst hatte. Aber was tun zum Fest?

Mein Vater war tot, der Gasthof verkauft und meine Mutter lebte beim Bruder und seiner Familie in Freiburg. Er hatte allem entsprochen, was die Eltern erwarteten: Lehramtsstudium, Beamtenstelle am Gymnasium, Heirat mit einer Kollegin, zwei Kinder, Einfamilienhaus. Dass er den Gasthof nicht wollte, hatte meine Mutter verstanden, die Brennrechte, die zum Anwesen gehörten, hatten wir jedoch nicht aufgegeben. Und so erstellte mein Bruder nicht nur die Stundenpläne an seiner Schule, sondern brannte auch einen Obstler, der von Jahr zu Jahr besser wurde. Die kleine Holzkiste mit je einer Flasche Birnen- und Zwetschgengeist, mit Kirschwasser und einem neu entwickelten Apfelschnaps (nach Meinung des Bruders so gut wie Calvados) war bereits eingetroffen. Mein Weihnachtsdeputat aus dem väterlichen Erbe. Fröhliche Weihnachten Euch beiden, stand auf der beigelegten Karte, denn von den Veränderungen in meinem Leben wussten sie nichts. Ich verspürte keine Neigung, die Familie zu den Feiertagen zu besuchen, das Scheitern meiner Beziehung zu gestehen, mich – wie so oft – rechtfertigen zu müssen. »Warum heiratet er dich nicht?« »Aber Mama, wir sind doch so gut wie ...« »Wollt ihr keine Kinder?« »Später, Mama.«

Ich rief im Hotel in Gargellen an, in dem ich, wie jedes Jahr, mein Zimmer vom 27. Dezember bis zum 5. Januar bestellt hatte, und bat, bereits am 23. anreisen zu dürfen. Aber, und das hatte ich insgeheim befürchtet, zu Weihnachten war das Haus ausgebucht. Tut uns leid. Im Januar gerne länger. Ratlos rief ich meine Freundinnen an, aber alle hatten Pläne, in die ich nicht passte. Sie hätten nicht daran gedacht, dass in diesem Jahr das berühmte Gänsebratenessen – »zu dem du uns nie eingeladen hast« – ausfällt. Daran hatte ich auch erst gedacht, als die Leuchtgirlanden über den Straßen schaukelten, Nikoläuse mit ihren Ruten drohten und die Weihnachtsfeiern mit den Kollegen begannen. Die Staatsanwältin wusste, dass Jens mit der Rothaarigen in die Karibik fliegen würde.

Ich arbeitete bis zum letzten Tag, war irgendwann allein im Gericht, bis der Hausmeister kam und erklärte, dass er Feierabend machen wolle – und: »Fröhliche Weihnachten«. Ich trank vom Obstler und schlief schlecht, hatte am Weihnachtsmorgen keine Lust, den Schlafanzug auszuziehen, bereitete mir einen Espresso, stellte das Radio an – Weihnachtsgottesdienst im Berliner Dom – und wieder aus, legte mich ins Bett und zog die Decke über den Kopf.

Als es klingelte, schreckte ich hoch. Verwirrt schaute ich in die frühe Dämmerung, glaubte geträumt zu haben. Aber da klingelte es wieder, lang anhaltend, und ich stand benommen auf, tappte auf bloßen Füßen zur Wohnungstür und sah einen Mann auf dem Display der Sprechanlage. Wieder klingelte es. Auf meine Frage antwortete der Mann, dass er vom Grandhotel komme, um die Weihnachtsgans zu liefern. Meinen überraschten Einwand, dass ich keine Gans bestellt hätte, beantwortete er mit dem Verlesen meines Namens und meiner Adresse und forderte mich auf, endlich die Tür zu öffnen. Der Summer summte, der Mann war im Fahrstuhl unterwegs und ich zog, immer noch schlaftrunken, meinen Morgenmantel an und suchte nach der Geldbörse.

»Ist bezahlt«, sagte der Mann, nachdem er den großen Kasten in die Küche getragen hatte, »Gänsebraten mit Rotkraut, Maronen und Kartoffelknödel, alles fix und fertig, zubereitet vom Chef des Hauses. Guten Appetit. Und fröhliche Weihnachten.« Sprachlos drückte ich ihm ein Trinkgeld in die Hand und brachte ihn zur Tür. Aber als ich die schließen wollte, hinderte mich ein schwarzer Männerschuh daran. Bernd, der im vergangenen Jahr die Rothaarige mitgebracht hatte, stand vor mir, in der einen Hand eine rote Amaryllis, in der anderen eine Flasche Champagner. Hinter ihm drängten die anderen mit Taschen und Einkaufstüten in den Flur: Jens' Kollegen aus der Kanzlei, sein Tennispartner und die Segelcrew. »Fröhliche Weihnachten«, sagten sie und umarmten mich. »Und nächstes Jahr bei uns.«

Kaspar Schnetzler

# Unter dem Sternenhimmel

*»Die Bilder, die man aus der Kindheit mit sich durchs Leben trägt und nie loswird, sind eine Last, die mit dem Alter unerträglich wird. Trügerisch sind sie, weil der rosarote Schleier der Nostalgie verhüllt, was tatsächlich war. An Weihnachten zum Beispiel.«*

So war es, wie Zimmermann es nachher, *the day after*, sah. Seine Einsicht kam zu spät. Hätte er den Schleier früher einmal in seinem Leben lüften wollen, dann hätte er sich an Weihnachten erinnert, wie es wirklich war. Wie die Nervosität am Familientisch dem festlichen Essen zum Trotz stieg, je näher die Bescherung rückte, denn alle wussten, was geschehen würde: Sobald die Familie sich ins Licht des Weihnachtsbaumes begab und vom Plattenspieler her zum Jauchzen und Frohlocken aufgerufen wurde, heulte die Schwester los und hörte bis ans Ende der Feier nicht auf damit. Sie tauschten die Geschenke aus, die sie liebevoll und aufmerksam für die Wünsche der andern ausgesucht hatten, sie lösten sie sorgfältig aus ihrer Verpackung, die allein schon ein Geschenk war, waren freudig überrascht – und getrauten sich nicht, in Gegenwart der Weinenden ihre Freude laut werden zu lassen. Eine schöne Bescherung! Wie jedes Jahr. Und keiner wusste, warum sie weinte. Oh, du fröhliche, unselige, stille war sie nicht, die Heilige Nacht bei Zimmermanns.

Hätte Zimmermann sich *diesem* Erinnerungsbild gestellt, würde es ihn vielleicht veranlasst haben, sein eigenes Weihnachtsfest als Erwachsener anders als diese ihm einzig bekannte Familienfeier zu zelebrieren. Jahr für Jahr. Die Möglichkeit hätte bestanden, denn Zimmermann hatte keine Familie, weder im Alltag noch zum Feiern, er lebte allein, die Schwester war jung gestorben, die Eltern altersgemäß verschieden, Freunde hatte er nicht, sein ganzes Leben lang lebte er allein. Nur eben an Weihnachten nicht, da machte er hoch die Tür, die Tore weit auf, da tat er alles, um die Eltern und die Schwester aus der Erinnerung in sein Leben zurückzuholen. Er räumte in seinem Einzimmerapartment die Möbel zur Seite, stellte mittendrin den Weihnachtsbaum auf, der wie einst üblich vom Boden bis zur Decke reichte, behängte ihn mit dem alten Familienschmuck, zündete die roten Wachskerzen an, läutete mit dem Silberglöckchen und öffnete die Wohnungstür, um die Schatten einzulassen, die im Treppenhaus draußen auf ihn gewartet hatten, und freute sich am Lichterglanz in ihren leblosen Augen und ihrem stummen Jauchzen. Er bat sie an seine Festtafel, dekoriert mit Tannenreis, Lametta und Quittenplätzchen, und tischte ihnen Gerstensuppe, Salzkartoffeln, Dörrbohnen, Rindszunge an Madeirasauce, zum Dessert eine Bûche de Noël auf. Und freute sich, wenn es ihnen schmeckte wie damals, als Mutter gekocht hatte. An Silvester speiste er dann feierlich den letzten Rest des Weihnachtsmahls, das die Familie stehenließ, als sie wieder ging, woher sie gekommen war. Wie immer und jedes Jahr. Punkt Mitternacht, wenn die Glocken mächtig läuteten, ließ er den Korken knallen, nahm zwei perlende Flûtes zur Hand, eine links, eine rechts, und stieß auf das neue Jahr und die kommenden Weihnachten an.

Dieses Jahr nun tat er es zu heftig, das Glas in der Linken brach, der Champagner verfloss, der Schleier riss, Zimmermann wachte auf aus seinem Kindertraum und kam zur Besinnung. Nein, nie mehr wollte er auf solche Weihnachten anstoßen!

Aber was dann? Er hatte sich, wie die Raupe in den Kokon, in seine Erinnerungen versponnen und, anders als die Raupe, keine Aussicht, sich von seinen Gewohnheiten zu lösen und seine Freiheit als später Schmetterling zu genießen. Mit siebzig Jahren hatte er keine Zeit mehr, sein Leben sacht zu ändern, und für einen Kraftakt, wie es der gordische Knoten erforderte, war er nicht geschaffen, er war ein sanfter Mensch. Es blieb ihm nur die Flucht. Er wollte den Versuch wagen, Weihnachten für ein einziges Mal nicht so zu feiern, wie er es von Kindheit auf gewohnt war, und dann mochte werden, was wollte. Ja!

*»Nichts ist schwieriger, als sich selbst als den anzunehmen, der man ist.«* Diese Weisheit war Zimmermann nicht bekannt, geschweige denn der Drang, sie zu widerlegen, er war ein Mensch wie jeder andere. Er hätte sich nie eingestanden, dass der Wunsch, die Last der Kindheit loszuwerden, der alleinige Grund für seine Flucht war. Das zu wollen hätte er sich nicht getraut. Vor seiner Familie davonlaufen, sie im Stich lassen? Nie im Leben! Insofern war seine Einsicht nichts anderes als ein Gefühl des Unbehagens, das ihn, er wusste nicht weshalb, plötzlich überkommen war. Waren es die Scherben, waren es die siebzig Jahre Einsamkeit? – Ah bah! Es waren Überdruss und Ekel vor der Kommerzialisierung von Weihnachten, die ein unerträgliches Maß angenommen hatte. Das redete er sich ein. Die Hektik, die jedes Jahr früher ausbrach, bald würde der

Advent an Ostern beginnen, der Kaufrausch, *money money money*, die Amerikanisierung, *Jingle Bells* aus allen Löchern, *Santa Claus* an jeder Ecke, Talmigold statt Lichterglanz am Himmel und in Kinderaugen. Er rettete sich in die Sentimentalität, ja doch, das stille Weihnachtsleuchten über seiner Kindheit, das war es, was er schmerzlich vermisste – dieser Stich ins Herz war schuld daran, dass er die Gläser zu heftig aneinanderstieß. Hier in der hektischen Stadt würde er seine Weihnachten nie mehr erleben können, er musste weg. Wie damals, als sich die Welt noch langsam drehte, wollte er an Heiligabend die Sterne am schwarzen Himmel hell und klar leuchten sehen, sich vom Unendlichen, aus dem sie blinkten, anrühren lassen, spüren, wie es lichter und heller in seine Seele ziehen würde. Noch einmal. Dafür allerdings musste er weite Wege gehen, das grelle Licht der Stadt blendete himmelhoch und weit in die Landschaft hinaus.

Der Fluchtort war eine Alphütte, ohne jeden städtischen Komfort. Ein Holzkochherd, ein Tisch, eine Petroleumlampe, zwei Hocker, ein Schragenbett voll Strohschütte. Diese Hütte, Überrest eines Maiensäß aus der Zeit des grauen Bundes, war die letzte im Kanton Graubünden, die nicht zum Wochenend- und Ferienhaus umfunktioniert worden war, die abseits von jeglicher Ski-Arena stand, außerhalb der Tummelplätze von Heli-Skiläufern und Freeridern, außer Betracht von Tourenfahrern. Keine Winterzufahrt. Einsam und verlassen. Die Hütte war Eigentum der Alpkorporation eines Dorfes, das dem Unterland unbekannt, weil touristisch unbedeutend war. Dieses Dorf war der Ausgangspunkt von Zimmermanns Flucht. Am Mittag von Heiligabend reiste er aus der Stadt ab, der Zug war voll müder und munterer Einkäufer, die ihre Weihnachtsvorfreude im Trubel der elektrisierten Stadt ausgelebt hatten. Sie fuhren, bepackt mit Tüten und Taschen, heim zu ihren Familien, um da ihre Last, die keine war, loszuwerden. Sie schenkten dem Alten im Abteil ein Lächeln, der ein paar Schneeschuhe zwischen die Knie geklemmt hielt und wie ein kleiner Junge befürchtete, dass ihm das Weihnachtsgeschenk wieder genommen werden könnte. »Da wird sich der Enkel freuen, frohe Weihnacht!« Am Ende der Fahrt das Bergtal hoch saß er allein im Abteil und schaute in die frühe Dämmerung hinaus, die Ohren voll »Frohe Weihnacht«, mit dem sich die Aussteigenden verabschiedet hatten, immer wieder »Frohe Weihnacht« an jeder Station. Er stieg als Letzter aus. Auf dem Weg vom Bahnhof zur Kirche begegnete er keinem Menschen.

Im Pfarrhaus hatte er den Schlüssel zur Hütte abzuholen. Das Dorf lag so hoch, nahe an der Baumgrenze, dass man das Maiensäß von der Kirche aus am Gegenhang als Schatten sehen konnte. *Adeste Fideles* – Orgelklang und Chorgesang, in der Kirche wurde die Christnachtfeier eingeübt. Der Pfarrherr war nicht zu Hause, die Haushälterin empfing Zimmermann und lud ihn ein, an der Feier teilzunehmen und die Nacht im Pfarrhaus zu verbringen, sie lachte: »Sonst haben Sie keinen Raum in einer Herberge!« Zur einsamen Feier entschlossen, lehnte er die dankenswerte Einladung freundlich ab. Er wurde mit der Mahnung, sich zu beeilen, verabschiedet, der Himmel war mit Wolken verhängt, grau und schwarz, heftiger Schneefall war zu erwarten. Bald würde man in den Häusern die Kerzen anstecken, die Familien würden sich um den Baum versammeln und singen und sich freuen. Zimmermann machte sich zügig auf den Weg, die Schneeschuhe unter dem Arm, am Rücken einen kleinen *Dakine-Sack* mit dem Nötigsten drin, aber keine Kerzen.

Um die Brücke herum, die auf die Gegenseite des Tals führte, waberte Nebel, der Fluss unter dem Eis gurgelte. Zimmermann schnallte sich die Schneeschuhe an und begann im Tiefschnee seine Spur zu ziehen, der Schneefall, der einsetzte, würde sie bald zudecken, spurlos würde er auf dem Weg zum ersehnten Sternenhimmel verschwinden.

Der Aufstieg hatte ihn erschöpft, der dicke Schleier Schneeflocken verhüllte den Sternenhimmel, es gab keinen Grund, wachzubleiben und Weihnachten zu feiern. Seine Energie reichte gerade noch aus, um einzuheizen, dann legte er sich aufs Stroh, deckte sich mit der Wärme zu, die der Herd verströmte, und schlief ein.

Er wusste nicht, ob es ein Klopfen oder die Kälte war, die ihn geweckt hatte, ihn fröstelte. Er stand auf, zupfte die Strohhalme aus den Kleidern und legte ein Holzscheit auf die Glut. Da klopfte es wieder. Vor der Tür, draußen im hellen Mondschein standen die Haushälterin und ein Mann aus dem Dorf. Die Haushälterin hatte beim stillen Gebet in der Kirche eine Stimme gehört, die sie in Unruhe versetzte, vielleicht war es das schlechte Gewissen, dass sie den Unterländer nicht davon abgehalten hatte, im Schneesturm auf die Alp hochzusteigen. Sie fürchtete sich zwar nicht, in die dunkle Nacht hinauszugehen, aber einen Träger brauchte sie für den Packen Schaffelle, die Tanse voll heißer Suppe und den Karton *Veltliner*, die dem Wohlsein des Mannes da oben und der Beruhigung ihres Gewissens dienen sollten. Der Begleiter war jung und ledig, er hatte keine Familie zum Feiern. »Lasst uns gehen«, hatte sie gesagt, »und die Geschichte sehen, die der Herr aus dem Unterland da angerichtet hat.« Die beiden waren eilend gekommen und hätten sie nicht angeklopft, sie hätten Zimmermann im Stroh liegend gefunden. »Das ist unser Sigrist«, sagte die Frau, »der Herr Pfarrer ruht, die Christnachtfeier hat ihn viel

Kraft gekostet, frohe Weihnacht lässt er wünschen und Gottes Segen mit euch.«

Vom Besuch vor der Tür ebenso überrascht wie von der sternenklaren Nacht, fand Zimmermann die Worte nicht, die beiden zu begrüßen. Er staunte stumm ins Universum, das sich über ihm auftat. Myriaden Sterne blinkten, sein Wunsch erfüllte sich, Weihnachten war!

»Ja, die Nacht wird kalt«, die Haushälterin lenkte sein Interesse vom Himmel hoch ab und dem warmen Innern der Hütte zu.

Sie übernahm den Haushalt, deckte das Stroh mit den Schaffellen ab und schöpfte Suppe aus der Tanse. »Bündner Gerstensuppe«, sagte sie, »der Rest wird bis Silvester reichen – der Wein hoffentlich auch. *Viva* und *Friede auf Erden!*« Suppe und Wein wärmten und der Herd tat das Seine dazu. Mit Wohlgefallen durfte die Haushälterin feststellen, dass sie richtig gehandelt hatte, als sie ihrer inneren Stimme gefolgt war. Die Spannung hatte sich gelöst. Es bestand kein Anlass, zum Aufbruch zu drängen.

In die gemütliche Stille hinein knatterte der Turbo-Motor einer Pistenraupe, erst leise in der Ferne, dann schnell zunehmend, bis er knapp vor der Hütte aufheulend abgewürgt wurde. Nun waren spitzes Frauengelächter und dröhnende Männerstimmen durch die Stille der Nacht draußen zu hören.

Aus einem bunten Pelzgewölle, das in einer Moschuswolke durch die Tür rollte, schälten sich drei junge Paare, lärmend lachend, erhitzt von Fahrt und Wodka. Der Anführer, ein Bär von Mann, rief, dass es donnerte: »*Zdravsstvuyte, druz'ya!* Haben wir machen kleine Schlittenfahrt, Troika, Sie sagen, ja. Scheene Nacht, war große Stern, sehr groß, chaben wir gesehen, wie steht Stern chier iber Hitte. Ich sagen: Stern gut,

Hitte gut. *Davay, letzgo!* Jetzt Stern ist weg, aber wir da, sind Freunde, *druz'ya*, tun auf unsere Schätze. Bin ich Wladimir, ist Wodka von mir – Mrrsch, Sonja, stell Fass auf Tisch!« Die junge Frau im Zobel rollte ein Fässchen zum Tisch. »Ist chier Pjotr, ist Beluga-Kaviar von Pjotr, Dosen scheen blau, Gold schwarz, wir sagen – Mrrsch, Marfa, stell Fisch auf Tisch! Chacha!« Die Dame in Wychuchol gehorchte aufs spaßige Wort. »Und is Fjodor und Schampanskoje von Fjodor, nix Krimsekt, Ukraina nix gut, ist gutes russisch *Abrau-Durso* – Mrrsch, bring Korb mit Flaschen, Wanda!« Die Dame in Silberfuchs tat wie befohlen. »Jetzt wir essen, trinken wir, singen Lieder, sind wir alle fröhlich, ist große Party auf Alp! Auch fir Sie, Ledis end Tschentelmens!« Ein Picknick-Korb, *very British*, und drei *Foldables* sorgten für Stil und Bequemlichkeit, die Eidgenossen wunderten sich und die Russen benahmen sich wie Könige.

Keine Party, aber ein fröhliches Fest kam in Gang, die Russen sangen *Otschi tschornyje*, die Schweizer *La Montanara*. Bis der Bär plötzlich die Pratze hob und Stille gebot. Er höre eine Frau – draußen vor der Hütte weine eine Frau! Wanda solle gehen und die Frau fragen, warum sie weine. »Ich mach das schon!«, rief die Haushälterin, als sie sah, welche Mühe das junge Mädchen hatte, sich auf den Beinen zu halten.

Sie stolperte selbst beinahe über die breiten Skispitzen des Mannes vor der Tür, der erschöpft in den Skistöcken hing, hinter sich einen Schlitten, auf dem die Frau lag, die der Russe gehört hatte. Die Frau wimmerte, der Mann hechelte: »Mein Gott, erscheint mir ein Engel im Traum?«

Sie waren als Letzte von der Bergstation weggefahren, waren aus Rücksicht auf die Frau langsam unterwegs, in einer Nebelbank kamen sie von der markierten Piste ab, im Tiefschnee stürzte die Frau so schwer, dass sie nicht aus eigener

Kraft weiterfahren konnte. Wie hätten sie um Hilfe rufen können, da ihr Handy beim Sturz im Tiefschnee verlorengegangen war? Der Mann koppelte die Skier der Frau zu einem Kanadierschlitten zusammen, schnallte die Frau darauf und zog sie im Schlepptau weiter. Als sie aus dem Nebel kamen, tat sich im kalten Licht eine Mondlandschaft vor ihnen auf, gottverlassen und menschenleer – menschenleer? Sie schnupperten beide den Rauch, dann sah der Mann weit hinten, wo das Mondlicht nicht hinreichte, ein schwaches warmes Licht. »Menschen, du, hab keine Angst mehr, wir sind gerettet!«, er zog den Schlitten mit der letzten Kraft an, die er noch in Armen und Beinen hatte, viel war es nicht mehr. »Kein Traum!«, keuchte er.

»Und auch kein Engel!«, meinte die Haushälterin, als sie der Frau beim Aufstehen half. Gebrochen war nichts, die Frau war nur erschöpft, kein Wunder bei einer, die in Erwartung war. Das hatte sie gleich gemerkt und dachte sich das Ihrige über die jungen Frauen heute, laut werden ließ sie die Gedanken mit Rücksicht auf das Fest des Friedens und der Freude nicht.

Die Haushälterin, geübt in diesem Belang, übernahm das Kommando. Sie schickte die Männer »Mrrsch!« ins Freie, bettete mit Hilfe der standfestesten Russin die Frau auf die Schaffelle und rieb ihr Stirn und Brust mit Kräuterschnaps ein, von dem in jeder Alphütte eine Flasche steht. Er sollte das Blut wieder zum Fließen und die Frau zum Aufstehen bringen. Beides gelang. Nachdem die Haushälterin die Schnapsflasche wieder versorgt hatte, wurden die Männer hereinbefohlen und die werdenden Eltern mit einem Teller Suppe und einem Becher *Veltliner* gestärkt. Dann aber war Schluss mit Feiern, die junge Frau musste ins Tal gebracht werden.

»*Zdorovo*, großartig! Fahren Mitterchen mit Räupchen, alle wir fahren mit Räupchen! Haben alle keine Angst, ist Weihnacht, und Wladimir, bin ich Wladimir, lernen Räupchen fahren in beste Armee von die Welt.« Die Aussicht auf die Fahrt und auf die Wärme zwischen all den Pelzen beseitigten die Bedenken gegenüber dem Gedränge auf der Pistenraupe und der Fahrtauglichkeit des Bären. Man drängte zum Aufbruch, der Abschied von Zimmermann war herzlich, aber er geschah im Nebenbei, man hatte ihn kaum wahrgenommen.

Ja, Zimmermann blieb allein zurück. Nicht weil er sich vor der Fahrt geängstigt hätte, sondern weil er für den Rest der Nacht den Lauf der Sterne verfolgen wollte, bis sie im Morgendämmer erloschen. Er stellte den Hocker in den Schnee hinaus, wickelte sich in die Schaffelle und schaute in den Himmel.

Mit den Sternen zogen die Bilder der Weihnachtsfeier vorbei, die eben zu Ende gegangen war. Noch herrschte im Licht der Sterne und im Nachhall der Stimmen die Freude vor. Was war das für ein wunderbares Weihnachtsfest gewesen, so vergnüglich, so neu!

Im Verlauf der verbleibenden Woche zwischen den Jahren verblasste die Freude, wie die Weihnachtssterne im Morgendämmer verblasst waren. Sie wich der Trauer, die sich in Zimmermanns Gemüt breitmachte, Trauer über die verpasste Gelegenheit, Weihnachten auf seine eigene Art zu feiern. Ein ganzes Leben lang hätte er Zeit gehabt, seine Gewohnheit zu ändern, nun war er zu alt, nun war es zu spät.

Zu den paar Dingen, die er im *Dakine*-Sack auf die Alp getragen hatte, um Silvester zu feiern, gehörten zwei halbe Flaschen *Mumm*, eine Flasche *Brut* und eine *Champagne-Mixte*, für alle Fälle.

Am Neujahrstagsmorgen, unter strahlend blauem Himmel stiegen die Haushälterin und der Sigrist nochmals zum Maiensäß hoch, um zu sehen, wie der Unterländer die doch eigenartige Weihnacht überlebt hatte, und um mit ihm auf das neue Jahr anzustoßen, dass es so fröhlich und gesellig würde, wie die Weihnachtsfeier gewesen war. Er hörte ihr Klopfen und Rufen nicht.

Die Tür war nicht abgeschlossen, sie traten ein, geblendet vom Schneelicht brauchten sie einen Augenblick Zeit, um die Augen an den Dämmer zu gewöhnen. Dann erkannten sie auf dem Tisch eine Flasche *Mumm* mit intakter Kapsel, auf dem Stroh Zimmermann liegend, regungslos, den einen Arm hinter den Kopf gelegt, den anderen aus dem Bett hängend, am Boden in Reichweite Glasscherben, daneben die offene Flasche *Champagne-Mixte*, aus der, wie einst Aladins Geist aus der Lampe, ein süßlicher Duft stieg, der sich im ganzen Raum verbreitete und penetrant nach Bittermandel roch.

*Saskia Fischer*

# Rutenwirrwarr

*When a writer is born into a family,*
*that family is doomed.*
Czesław Miłosz

Dieses Jahr bin ich grundunartig gewesen, ich habe über Herkunft geschrieben, noch dazu die eigene, die, wie jede andere auch, familiär und regional belastet ist. Was sich für den Moment wie eine Geschichte über Mutterns schiefgegangene Apfelküchlein anhört, durchaus Gemütlichkeit, Nostalgie verbreitend, ist weit weniger genießbar, solche nämlich hätten mich noch ernährt und nicht halb vergiftet. Und würden die an eben dieser Herkunft beteiligten Familienunmenschen nicht generell Kosten und Mühen scheuen, sie wären mit tief in die Stirn gezogenen Strickmützen, aufgeklebten Vollbärten, mit Ruten angereist, die andere Hälfte meiner in diesem Sinn übriggebliebenen Wenigkeit, sprich Minderwertigkeit vollends tot zu schlagen – ohne einen prallen Sack im Gepäck, höchstens einen schlaffen, und das Einzige, das diesen später ausgefüllt hätte, wäre ich selbst gewesen, mein bewusstloser Körper auf dem Weg zum Schlickgrund der Spree.

Als ich sechs Jahre alt war, trat mit einem neuen, kommunistisch gesinnten Liebhaber meiner Mutter auch der Weihnachtsmann auf den Plan. Alle Heiligen Abende davor verbrachte sie mit mir bei ihren Eltern, wo das Christkind in einem unaufmerksamen Moment, während des Abwaschs in der Küche oder eines Gangs zur Toilette typischerweise zum Wohnzimmerfenster hereinflog, Gaben ablegte und wieder verschwand. Es machte keinen Unterschied zwischen den Kindern, es kam auch zu den *schlechten*, vermutlich dann mit nur einem sehr kleinen Geschenk, aber es kam auch bei ihnen ganz ohne Gewaltandrohung aus. Ich kannte die Rute nur vom Hörensagen: Knecht Ruprecht, spute dich, alter Gesell! Da schwang das Werkzeug schon im Eingangsbereich des Gedichts als Reimwort mit und hielt die Furcht vor ihm aufrecht bis zu seinem eigentlichen Auftritt gen Ende. Die Ahnung schon machte Schauern: Das Christkind liebte bedingungslos, und dieser bärtige Alte hasste.

Es hieß, er würde nach dem Essen kommen. Punkt achtzehn Uhr dampften die Klöße auf den Tellern, der Geruch der Meerrettichsauce in der Terrine stach in die Augen und Tränen liefen mir übers Gesicht. Ich ekelte mich vor dem Verzehr von Fleisch, schaffte es aber, die erste Gänsekeule meines Lebens zu einem Teil abzunagen in der Hoffnung, des Weihnachtsmannes Gunst zu erlangen, statt der vermuteten Schläge. Denkbar wären auch dem Mahl unmittelbar vorausgehende verbale Peitschenhiebe meiner Mutter, der es peinlich gewesen wäre, dem adorierten Gast und Familienmitgliedsanwärter ein verzogenes, mäkelndes Balg zu präsentieren; undenkbar, dass es nicht so war – von wegen Meerrettich! Sie nötigte mich permanent unter Androhung und Ausübung von Gewalt, ohrfeigte und schimpfte, dauerschuldig, immerbös ich in ihren

Augen, warum sollte dieser signalrot gekleidete Fremde nicht eingeweiht sein und ebenso prügeln?

Ich bebte vor Angst und kriegte kein Wort über die Lippen. Ob ich brav gewesen sei, mit einem Ja zu beantworten – eine unverschämte Lüge, dachte ich, schielte hinauf zu Mutters Blick und schüttelte langsam den Kopf, ihn zwischen die Schultern ziehend. Doch die vertilgten Gänsehappen, von denen ich dann stotternd zu berichten begann, schienen Knecht Ruprecht milde zu stimmen und machten alle Sorge mit mir wett; er langte oft und tief in seinen Sack.

Ich lernte: Es galt, ihn innerhalb einer Minute zu beschwichtigen, ihn im Falle von falschen Behauptungen vom Gegenteil zu überzeugen oder im Falle von wahren oder halbwahren zu beschwindeln, demütig, aber niemals gedemütigt nach unten blickend – werben, schauspielern, heucheln; alles, was der spätere *elevator pitch* vorschreibt für eine gelungene Chancenmaximierung des erfolgsorientierten Egos in Zeiten des Zeitmangels. Das konnte man zwischen Geschenk und Gewalt ausloten an jedem Heiligen Abend und im Tannenzimmer meiner Vorstellungskraft, modrig riechend das ganze Jahr über sowieso. Ich wurde von dieser Rute niemals, auch nicht ganz sacht nur am Hintern gestreift, aber ich konnte mir immer leicht vorstellen, wie dieser militärschwarz bestiefelte Kerl direkt neben der Miniaturausgabe der Jesuskrippe, zwischen dem Deko-Josef und der Deko-Maria und unter dem Halleluja der Lautsprecherboxen mit seinem Reisigbündel auf ein Kind eindreschen und ihm im Anschluss ein in Sternpapier gewickeltes Päckchen überreichen würde. Ich traute es jedermann zu, jeder Frau. Still und starr, wie der See im Lied ruht, nahm ich die polternde Zwiespältigkeit hin, und ich bin neugierig, was die gedrückte Rutenrautetaste meiner Kindheit meinem eignen Kind in die Matrize schreibt!

So viel ist sicher, ich habe ihm den Weihnachtsmann nicht ersparen können. Es kannte ihn aus Liedern, Filmen und Gedichten (Theodor Storms Beitrag überblätterte ich geschickt), es kannte aber das Wort Rute nicht, weil bei uns mit Stöcken und Zweigen gespielt wurde und diese auch so hießen, eine Rute war ihm als Instrument der Prügelstrafe, Aschebesen und dergleichen vorsintflutlichem Zeug unbekannt. Das Kind dachte, bei einer Rute handele es sich um eine *Route*, eine Wegbeschreibung, Anfahrtsskizze, irgendetwas in Sachen Rotkäppchens *Nicht-vom-rechten-Weg-Abkommen* muss es sich vorgestellt haben in Bezug auf weihnachtsmännliche Erziehungsmaßnahmen, denn das hörte es bei all dem sehr wohl heraus, die Drohung; dass man sich die Geschenke mit guten Taten oder zumindest besten Absichten erst verdienen musste. Wir sprachen darüber, da war es schon zwölf! Es so viele Jahre seinem Unglauben überlassen zu haben!

An Heiligabend kommt das Christkind noch heute wie üblich unbemerkt hereingeflogen, aber zwei oder drei Male sind wir bei meinen Eltern gewesen, wo der zum Erzkapitalist und Ex-Lieb-, also Machthaber abgestiegene Mann meiner Mutter weiterhin Typen in roten Mänteln rekrutierte. Das Kind vergaß vor Aufregung angesichts des Bergs von Geschenken auf dem mitgeführten Bollerwagen – kein Schlitten, es hatte nie Schnee gelegen – nach dieser ominösen Route zu fragen, das Bündel Holz in der Hand des Weißbärtigen beäugend, das nicht zum Einsatz kam, weil es ihn fieberhaft in ein Gespräch über einen sehnlichst herbeigewünschten, elektronischen Allosaurus (»Roboraptor«) verwickelte; er hätte es wagen sollen, sein Gestrüpp gegen mein Kind auch nur zu erheben! Es berichtete also erstmals in der diesjährigen Adventszeit, dass es sich unter der Rute einen zusammengerollten Brief des Weihnachtsmannes vorgestellt habe, wie früher die Bekanntmachungen des Königs, oder vielleicht normal gefaltet wie die Schulleitung einen *blauen Brief* an Eltern richtet, es zuckte mit den Schultern und wusste nicht recht. Jedenfalls stehen die unangenehmen, Erwachsene nicht zufriedenstellenden Dinge dort aufgelistet bzw. in einer Karte aufgemalt, Piktogramme, Pfeile und Pfade für die des Lesens noch unkundigen Kleinen, eine Schnitzeljagd in die gesellschaftspolitische Besserungsanstalt – vornehmlich gewaltfrei, aber immer mit dem Geschmack der Nötigung.

Mein ehemaliger Englischlehrer schlug mir einmal mit einem Packen zusammengerollter Fotokopien oder waren es Klassenarbeiten? auf den Kopf, da bin ich siebzehn gewesen. Ich hatte mich zur Seite gedreht und mit der Nachbarin getuschelt, vermutlich gekichert, und plötzlich erwischte mich von hinten ein Schlag auf den Kopf, und ich schrie auf vor Schreck und Empörung. Er hatte mir direkt auf meine Haarspange geschlagen, die oben seitliche Strähnen zusammenhielt. Kann sein, dass er nicht bewusst fest hatte zuschlagen wollen mit seiner Rutenrolle, aber das Metall der Spange bohrte sich heftig in die Kopfhaut, Papier kann ganz schön schmerzhaft sein, abgesehen von dem, was darauf geschrieben steht.

Wenn ein Schriftsteller also in eine Familie hineingeboren wird ... Meine war verloren, da habe ich noch keinen Stift gescheit halten können. Es ist die pure Anwesenheit eines solchen Kindes, die stört. Seine innere Zurückgezogenheit, seine Skepsis, die Unbeugsamkeit, ja, die ganze unerklärliche Widerstandskraft. Und all seine hartnäckigen Fragen, die nicht nur unbeantwortbar, sondern den Erwachsenen aufs Unerhörteste fragwürdig scheinen. Ach, das unbequeme, blechtrommelnde, alle Weltgerüche inhalierende Kind, das eine Stunde und länger die Schnur in der emporstreckten Hand hält, während wir taub und sensorisch abgestumpft gegeneinander antreten und Völkerball, Völkerschlacht oder gar Weihnachten spielen.

*Edgar Rai*

# Eine Weihnachtsgeschichte

Tante Constanze sah bedrückt aus. Eigentlich sah sie immer ein bisschen bedrückt aus. Selbst wenn sie lächelte. So wie jetzt.

»Ihr Lieben!«, seufzte sie, wischte ihre Finger an der Schürze ab und schloss erst meinen Bruder Franz, dann meine Schwester Ruth, dann mich und schließlich meine Mutter in die Arme. Im Leben von Tante Constanze gab es immer etwas zu seufzen. Ihre Schürze roch nach Mehl und Grünkohl und Bratensaft. Sie half mir aus dem Parka, der immer machte, dass meine Haare abstanden.

»Wie geht's ihm?«, fragte meine Mutter.

Tante Constanze legte ihre Hände ineinander: »Er wird alt ...«

Das war nichts Neues. Soweit ich mich zurückerinnerte, war Onkel Hugo noch nie nicht alt geworden. Jedes Jahr an Weihnachten behauptete Tante Constanze, er werde alt. Ich dagegen hatte nie eine Veränderung feststellen können. Für mich war Onkel Hugo stets wie immer gewesen. Nichts in diesem Haus hatte sich je verändert, kein Geruch, kein Geräusch, keine Farbe. Gut, einmal hatten Tante Constanze und Onkel Hugo die Sofagarnitur im Arbeitszimmer neu beziehen lassen, danach jedoch hatte auch die ausgesehen wie immer, das gleiche Muster, die gleichen Farben.

Bis letztes Jahr an Weihnachten. Da war Onkel Hugo dann tatsächlich alt geworden, ganz plötzlich, und jeder hatte es gesehen. Und deshalb war es dieses Jahr etwas anderes, als Tante Constanze sagte, er werde alt.

War ich der Einzige, der es bemerkt hatte? Verstohlen warf ich Ruth über den großen Esstisch hinweg einen Blick zu. Die suchte verzweifelt nach etwas, das sie anstarren konnte, und dann sah ich, wie ihr eine Träne aus dem Augenwinkel rollte, und ich wusste, auch sie hatte es gesehen. Meine Mutter machte ein Gesicht, als wolle sie sich bei mir entschuldigen. Alle hatten es bemerkt. Keiner sagte etwas. Die Stille, in die hinein sonst Onkel Hugo das Messer wetzte – der Moment der größten Vorfreude –, breitete sich wie ein schwarzes Tuch über den Tisch. Und dann setzte das Surren ein.

Bis zu diesem Tag war das Weihnachtsessen stets einem festgelegten Ritual gefolgt: Zu einem geheimen, nicht vorherbestimmbaren Zeitpunkt wurde die Tür zum Esszimmer geöffnet, und einer nach dem anderen betraten wir die knarzende Schwelle und nahmen an der festlich gedeckten Tafel Platz. Dort standen bereits Porzellanterrinen mit kunstvoll verzierten Griffen, Löffel und Kellen lagen aufgereiht, und der Tisch war mit dem »guten« Geschirr und dem »guten« Besteck eingedeckt.

Hatten wir alle Platz genommen, verließ Tante Constanze das Esszimmer, und ihre unnachgiebigen Absätze entfernten sich den Flur hinunter bis ganz nach vorne zur Küche, gedämpft und stumpf, wo Teppichläufer ihnen die Härte nahmen, gestochen und trocken, wo sie direkt auf das Parkett trafen. Stille trat ein, hörbar gemacht durch das Ticken der Uhr auf der Vitrine. In diese Stille hinein zwinkerte Onkel Hugo mir zu, stand umständlich auf, nahm das bereitgelegte silberne, märchenhaft große Tranchiermesser vom Buffet und begann, es an einem Wetzstein zu schärfen. Das war der Moment, in dem uns allen das Wasser im Mund zusammenlief.

Ich habe Onkel Hugo dieses Messer niemals zu einer anderen Gelegenheit benutzen sehen, und ich habe auch niemals erfahren, wo das Messer und die dazugehörige Tranchiergabel den Rest des Jahres über verwahrt wurden. Nicht einmal, als ich viele Jahre später das Haus verkaufte und den Hausstand auflösen musste, ist es zum Vorschein gekommen.

Die Absätze kehrten aus der Küche zurück, begleitet vom müden Schlurfen des Servierwagens, auf dem, wie wir wussten, die Platte mit der Gans liegen würde. Ihr Geruch erreichte uns, bevor Tante Constanze den Wagen mit einem Rumpeln über die Schwelle gezerrt hatte.

Bewaffnet mit dem Tranchierbesteck trat Onkel Hugo an den Servierwagen: »Wer will zuerst?«

»Ich!«, rief Franz.

»Nein, ich!«, rief Ruth.

Er wählte eine unsichtbar bezeichnete Stelle aus, stieß die Gabel in den Braten und setzte mit zittriger, aber entschlossener Hand das Messer an. »Dann wollen wir mal sehen, ob wir nicht alle Mäuler gestopft kriegen.«

Einen nach dem anderen hielt ihm Tante Constanze die Teller hin, Onkel Hugo streifte über jedem von ihnen sorgsam ausgewählte Fleischstücke von der Gabel, und von da an löste sich der Abend langsam auf, bis wir alle vollkommen erfüllt waren von Fürsorge, Behagen und wohliger Müdigkeit.

Bis letztes Jahr.

Vor ihrem Gang in die Küche hatte Tante Constanze Onkel Hugo kurz eine Hand auf die Schulter gelegt. Das war ungewöhnlich. In Tante Constanzes Leben gab es immer etwas zu seufzen, aber eine an ihren Mann gerichtete Mitleidsgeste war nicht vorgesehen. Ihre Absätze entfernten sich und verstummten schließlich. Die Hände auf die Tischplatte gestützt, erhob sich Onkel Hugo schwerfällig von seinem Stuhl. Doch er zwinkerte mir nicht zu. Auch das war ungewöhnlich, sehr ungewöhnlich. Alle warteten auf das einsetzende Geräusch der Klinge, die sich am Wetzstein rieb. Doch auch das blieb aus. Stattdessen setzte ein Surren ein, das uns alle erschrocken zum Buffet blicken ließ: Da stand Onkel Hugo in gebeugter Haltung und hielt ein elektrisches Tranchiermesser in der Hand.

Die surrende Klinge steckte in einem weißen Kasten, von dem ein Kabel abging, das hinter dem Buffet verschwand. Ein Fremdkörper, eine missratene Prothese. Dieses Mal hatte Tante Constanze Recht gehabt. Innerhalb eines Jahres war Onkel Hugo alt geworden. So alt, dass er ein elektrisches Messer brauchte, um die Gans zu zerlegen. Aus diesem Grund hatten ihre Begrüßungsworte von heute, wenngleich es dieselben waren wie jedes Jahr, ein anderes Gewicht.

Das Haus von Onkel Hugo und Tante Constanze war in vielerlei Hinsicht ein besonderes. Auf jedem der drei Stockwerke gab es Kammern und geheime Verstecke zu entdecken. Im Hochparterre war einmal ihre Druckerei untergebracht gewesen. Das lag lange zurück, doch in der von ihnen bewohnten ersten Etage mischte sich zu dem Geruch von Bohnerwachs noch immer der von Druckerschwärze. Eine weitere Besonderheit war der Erker in Onkel Hugos Arbeitszimmer, in dem zu feierlichen Anlässen stets die Kuchen kühl gehalten wurden. Der Boden hatte die

Form einer Wabe, und in jeder der Seiten waren Bleiglasfenster eingelassen. Wenn ich mich auf den Hocker stellte, konnte ich den Platz und die Menschen und die ganze Welt um mich herum nach Belieben verwandeln: rot, grün, gelb oder lila.

Hinter der Salontür jedoch verbarg sich das größte der vielen Wunder dieses Hauses: der Weihnachtsbaum. Es war jedes Jahr derselbe, und er streckte sich bis zur Decke und war somit viel zu groß, als dass er, auf welchem Weg auch immer, hergeschafft worden sein konnte. Dafür gab es nur eine logische Erklärung: Er musste im Wohnzimmer aus dem Boden gewachsen sein. Das Haus von Tante Constanze und Onkel Hugo war das einzige mir bekannte, in dem ein Weihnachtsbaum aus dem Boden gewachsen war, und ich konnte mir auch nicht vorstellen, dass es so etwas woanders noch einmal gab.

Ich lief als Erstes den langen Flur hinunter, vorbei an der auf halbem Weg befindlichen Salontür – Ruth und ich sagten zum Wohnzimmer gerne Salon, seit Onkel Hugo einmal einen Grundriss des Hauses vor uns ausgerollt hatte, auf dem in einer sehr alt anmutenden Schrift »Salon« in das betreffende Zimmer geschrieben stand – und hinein ins Arbeitszimmer. Ein Glück: Onkel Hugo saß wie jedes Jahr in seinem Sessel und knipste den Fernseher aus, als ich hereinkam. Ich fand, er sah aus wie immer. Typisch Tante Constanze.

»Da seid ihr ja«, sagte er.

Ich sprang auf die wulstige Armlehne seines Sessels und betrachtete die weißen Haare, die ihm aus Ohren und Nase sprossen.

»Wie geht's dir?«, fragte ich.

»Gut-gut«, erwiderte er. Er klang wie eine Türklingel, wenn er das sagte. Ding-dong. Gut-gut.

»Wann gibt es die Geschenke?«, war meine nächste Frage.

»Das weißt du sehr genau, kleiner Mann.«

Das stimmte, leider. Die Geschenke gab es, wenn es dunkel war.

Während Mutter sich mit Tante Constanze in die Küche zurückzog, spielten Ruth und ich und sogar Franz, der sonst alles doof fand, was wir machten oder sagten, eine Partie Mensch-ärgere-dich-nicht mit Onkel Hugo. Danach konnten wir nicht länger stillsitzen. Aber dunkel war es noch immer nicht. Ich gab vor, auf Toilette gehen zu müssen, und schlich mich stattdessen ins Esszimmer. Eine Frage ließ mir keine Ruhe. Leider machte mich die Antwort traurig. Auf dem Buffet lag einsatzbereit das elektrische Tranchiermesser. Mist, dachte ich. Er ist immer noch alt.

In kürzer werdenden Abständen schoben Ruth und ich die Vorhänge im Arbeitszimmer zur Seite und spähten auf den Platz hinunter. Erst wenn es richtig dunkel wäre, würde sich die Tür zum Salon öffnen.

Mutter und Tante Constanze gesellten sich zu uns. Offenbar waren die Vorbereitungen in der Küche abgeschlossen.

»Jetzt?«, rief Ruth.

Tante Constanze trat hinter uns, blickte hinaus und schüttelte bedauernd den Kopf.

»Jetzt?«

»Jetzt?«

Schließlich bewegten Ruth und ich uns nicht mehr vom Fenster weg.

»Ihr seid bescheuert«, entschied Franz.

»Jetzt?«

»Jetzt?«

»Jetzt?«

Irgendwann trat Tante Constanze hinter uns und legte Ruth und mir jeweils eine Hand auf die Schulter. Wir wussten, was das zu bedeuten hatte.

Als wir zu ihr aufschauten, machte ihr Mund Bewegungen, als denke sie nach. Dann sagte sie: »Wir können ja mal nachschauen.«

Und dann rannten wir aus dem Arbeitszimmer und über den Flur, hielten vor der Salontür inne, drückten mit eingehaltenem Atem die Klinke, und dann stand er da, der magische Baum. Im Dunkel des Zimmers erstrahlte er in all seiner Lametta-Pracht und Engelshaar-Herrlichkeit, die Zweige schwer von Kugeln und Sternen und Kerzen.

Keines von uns Kindern sollte sich später daran erinnern, womit wir in diesem Jahr beschenkt wurden. Dabei waren die Geschenke, die wir von Tante Constanze und Onkel Hugo bekamen, immer sehr teuer und schön und überhaupt besonders. Dinge, die sich unsere Mutter nicht leisten konnte: fernlenkbare Autos, Stollenschuhe, Holzkisten mit aufgereihten Stiften in 24 unterschiedlichen Farben. Dass sich dennoch keiner daran erinnern kann, hat folgenden Grund:

Nachdem meine Geschwister und ich unsere Geschenke ausgepackt, alles in Augenschein genommen und ausprobiert hatten und die Kerzen beinahe heruntergebrannt waren, klatschte Tante Constanze wie üblich in die Hände und fragte in die Runde: »Wer von den hier Anwesenden hat Hunger?«

»Ich!«, rief Ruth.

»Ich!«, stimmte ich ein.

Und auch Franz rief: »Ich!«

Wir gingen hinüber ins Esszimmer, wo bereits dampfende

Schalen mit Kartoffeln und Rosenkohl auf dem Tisch standen und, wie ich wusste, der weiße Plastikkasten mit der elektrischen Klinge auf dem Buffet lag, die missratene Prothese, der verlorene Kampf.

Mit unsicherer Hand goss Onkel Hugo den Erwachsenen Rotwein ein. Zum Glück ging nichts daneben. Wir Kinder bekamen Wasser, durften aber aus den gleichen Gläsern trinken wie die Erwachsenen. Als alles so weit war, dass nur noch die Gans fehlte, öffnete Tante Constanze die Tür, und ihre Absätze entfernten sich. Onkel Hugo erhob sich und trat den schweren Gang zum Buffet an. Wir erwarteten das Unvermeidbare. Bevor jedoch das Surren des Elektromessers ertönte, ertönte etwas anderes. Die Stimme meiner Tante.

»Ehemann!«, rief sie aus dem Flur.

Etwas in ihrer Stimme machte, dass wir alle zugleich aufstanden und aus dem Zimmer eilten. Tante Constanze stand im Flur, den Blick starr vor Entsetzen. Es flackerte auf eigentümliche Weise. Es dauerte einen Moment, bis ich begriff, dass dieses Flackern aus dem Salon kam.

»Der Baum brennt!«

Das war untertrieben. Der Baum war eine Feuersäule. Auch eine Gardine stand bereits in Flammen. Der ganze Raum war erfüllt vom hungrigen Rauschen des Feuers. Die Hitze schlug auf den Flur und uns in die Gesichter.

Unfähig, uns zu rühren, standen wir vor der Schwelle. Alle. Außer Onkel Hugo.

»Aus dem Weg!«, rief er.

Bevor wir die Situation richtig erfasst hatten, war er bereits ins Bad geeilt und mit einem Eimer Wasser zurückgekehrt.

»Weg«, befahl er und hastete an uns vorbei, »alle!«

Und dann wurden wir Zeugen davon, wie Onkel Hugo in

atemloser Hast ein ums andere Mal zwischen dem Salon und dem Bad hin und her spurtete, wo ein Eimer volllief, während er einen zweiten mit dynamischem Schwung auf den Baum kippte. Keiner von uns hatte geahnt, in welcher Geschwindigkeit sich zu bewegen er im Stande war. Nicht einmal Tante Constanze, denn sie rief erstaunt aus: »Du kannst ja *rennen!*« Da war er schon das zehnte Mal an uns vorbeigelaufen.

Es zischte und knackte, schließlich hörte man nur noch Wasser auf das Parkett tropfen. Unter der Zimmerdecke hingen schwärzliche Qualmwolken. Onkel Hugo hatte gesiegt. Befriedigt stapfte er durch die Pfütze, die sich auf dem Boden gebildet hatte, und öffnete die Fenster. Anschließend kam er zu uns in den Flur und schloss die Tür hinter sich. Er hatte dunkle Striemen im Gesicht, und seine wenigen Haare standen vom Kopf ab, als hätte er meinen Parka getragen. Seine Wangen glühten, und seine Augen funkelten.

»Ich habe Hunger«, erklärte er.

Mit militärischem Tritt ging er an uns vorbei, während wir unbeweglich und noch immer fassungslos im Flur verharrten.

»Wo bleibt die Gans?«, ertönte seine Stimme aus dem Esszimmer.

Und dann vernahmen wir alle das altvertraute Geräusch des Wetzsteins, der über die Klinge des Tranchiermessers fuhr.

# Es muss nicht immer Gans sein

*Erica Pedretti*

# Ein Hirschschlegel für Angelika

*Zutaten:*
1 Hirschschlegel
Rosmarin
Salbei
Thymian
Wacholderbeeren
Olivenöl
Pfeffer
Salz
Preiselbeermarmelade
Gekochte Apfel- oder Birnenhälften
Rotkraut
Zwiebel
Zucker
Essig
Zitronensaft
Rotwein

Nimm ein Gewehr, ein gutes Jagdgewehr und genügend Munition, hänge das Gewehr über die Schulter und einen Feldstecher um den Hals, steck die Schachtel mit den Patronen in die Jackentasche und mach dich auf den Weg, das heißt auf die Pirsch. Für die Jagd ist eine Jacke praktischer als ein langer, um die Beine schlagender Mantel, mit dem du im dichten Wald im Unterholz hängen bleibst oder dich gar durch dorniges Gestrüpp drücken musst. Auf jeden Fall solltest du dir, bevor du dich auf den Weg oder auf die Pirsch machst, von einem erfahrenen Jäger unbedingt zeigen lassen, wie man die Patronen ins Patronenlager einlegt, weil ich selbst nicht jage, kann ich dir auch nicht erklären, wie man zielt und wo der Abschusshahn ist. Deine fehlende Erfahrung muss aber nicht unbedingt ein Nachteil sein, man hat schon von erstaunlich guten ersten Schüssen gehört. Es gibt Jäger, die behaupten, so ein naiver allererster Schuss stelle oft alle späteren Schüsse in den Schatten, obwohl man in diesem Fall von Schatten kaum reden kann. Und man sollte vor der Jagd wenn möglich die Jägersprache lernen, all die schönen Fachausdrücke. Du darfst nicht von Beinen reden, sondern von Läufen, schrecklich, die Lauscher der Rehe Ohren zu nennen. Leider kenne auch ich nicht das ganze Waidvokabular.

Endlich ist man unterwegs, du bist also auf der Pirsch. Und nach stundenlanger Kletterei, immer wieder bist du Losung begegnet, du weißt inzwischen, was das bedeutet, spiegelst du hoch über der Waldgrenze ein Tier. Schau, dort äst eine Gemse, dort, zwischen den großen Felsbrocken, neben der krummen Arve. Vorsichtig anpirschen, das Wild darf keine Witterung aufnehmen. Dann hockst du hinter einem Felsvorsprung, den Feldstecher vor den Augen und spiegelst: Ein kapitaler Bock! Die Enden der Krickel, höher als die Ohren, sind lang genug. Ja, anders als das Reh mit seinen Lauschern, hat die Gemse Ohren, behauptet der alte Bündner Jäger, der dich begleitet und der jetzt leise befiehlt: Schieß!!!

Ist das Wild durch einen Blattschuss erlegt, also tödlich getroffen, steckst du ihm einen kleinen Wacholderzweig, den Bruch, in den Äser. Nachdem das Tier ausgeweidet, alles Blut abgewischt ist, nein, das heißt nicht Blut, sondern Schweiß!, die Innereien, Leber, Herz und Magen sauber eingepackt, trägst oder schleppst du deine Beute ins Tal und lässt sie an einem möglichst kalten Ort etwa zehn Tage hängen, bevor du sie abhäutest und zerwirkst, das heißt: sie aus der Decke schlägst. Die Innereien, mit Salbei und etwas Speck gebraten, mit Schnaps flambiert, hast du mit Freunden bereits am ersten Abend nach dem Abschuss verspeist.

Zu Weihnachten oder Silvester, für eine Taufe oder ein anderes Fest nimm einen Schlegel. Wahrscheinlich ist dann aber ein Gemsschlegel für so viele Esser zu klein. Inzwischen hast du ja noch etwas Größeres, einen Hirsch erlegt, nehmen wir also beizeiten, spätestens eineinhalb Tage vor dem Fest, einen Hirschschlegel vom Eis. Du entfernst alle Flachsen und zähen Häute, reibst das Wildbret mit Wacholderschnaps ein und bestreust es reichlich mit Rosmarin, Salbei, Thymian und zerdrückten Wacholderbeeren. Und wenn der so gewürzte Braten allmählich auftaut, entzünden wir im Freien ein Feuer, legen nach und nach neues Holz auf die Glut, über der dann die aufgespießte Hirschkeule langsam gedreht wird. Meine Großmutter hat so einen Braten kunstvoll gespickt, wir bepinseln ihn stattdessen reichlich mit Olivenöl, mit Pfeffer und Kräutern gewürzt, bestreichen ihn immer wieder mit der Marinade.

In der Stube wird der Tisch festlich gedeckt, Preiselbeermarmelade in gekochte Apfel- oder Birnenhälften gefüllt, der Wein kaltgestellt. Auf dem Herd gart langsam das in karamellisiertem Zucker mit geschnetzelten Zwiebeln angebratene und dann mit etwas Essig, Zitronensaft und Rotwein aufgegossene Rotkraut.

Angelockt von den verführerischen Gerüchen versammeln sich drinnen und draußen nach und nach die hungrigen Freunde, große und kleine, in Windjacken und Wintermäntel gehüllt drängen sie ums Feuer. Lachen, gute Ratschläge, Reden, zwei singen sogar. Veltliner wird herumgereicht, dieser und jener möchte schon kosten, möchte unbedingt ein wenig, nur ein ganz kleines bisschen vom Hirschbraten schneiden: Warte, bitte warte! Aber warte ja nicht zu lange, das Wildbret muss unbedingt saftig, sollte möglichst noch saignant sein.

So. Jetzt kannst du den glänzend braunen Braten anschneiden.

*Sabine Scholl*

# Merikurisimasu!

Kyoko pickt die vollendet rote Erdbeere aus ihrem Cremebett oben auf dem Törtchen, legt die Frucht beiseite, sticht mit der Gabel tief in weißgelb geschichtete Masse, zerkrümelt den kunstvollen Aufbau, vermengt süße Sahne mit Biskuit.

Wir sitzen an der Fensterfront des Cafés *Comme Ca Blanc d'Oeuf*, mit Blick auf die Straße, Plüschdecken über den Beinen. Ich studiere die Speisekarte, lese *Pain Cake*, während die Freundin nicht aufhört zu telefonieren. Der Ausdruck erreicht mein Gehirn als *Schmerzkuchen*, und Kyoko stochert an kleinen rosa Fruchtstückchen in dem zunehmend unappetitlicheren Kuchenhaufen, lässt die Gabel fallen. Sie schüttelt den Kopf, spricht aufgebracht ins Telefon.

Bei meinem letzten Japan-Aufenthalt vor ein paar Jahren besuchten wir Galerien, Tangolokale, kleine Theater, sahen Kabuki in Flamencokostümen, schimpften über missliche Männergeschichten, pilgerten zu Tempeln für Penis und für Vagina, um das zu ändern. Kyoko näherte sich der vierzig und galt als unvermittelbar. Nun glitzert ein Ehering an der Hand, mit der sie das Telefon hält. Und die andere führt nicht einen Bissen Kuchen zum Mund.

Ich hingegen habe mein Stück längst verzehrt, gierig. Japanisches Weihnachten bedeutet vor allem Weihnachtskuchenessen und, falls ein Verehrer zur Verfügung steht, gern mit ihm. Alleinstehende verschaffen sich an diesem Tag der Liebe Ersatzhöhepunkte mit fetter zuckeriger Crème und saftigen Erdbeeren. Sogar den Löffel habe ich abgeschleckt. Kyoko redet weiter. Ich tippe ihr an die Schulter.

»Willst du noch bestellen?«

Sie schüttelt den Kopf, dreht mir erneut den Rücken zu, die Finger rücksichtsvoll übers Telefon gestreckt.

In der Fensterscheibe spiegelt sich ein Fernsehbildschirm, Dick und Doof in Schwarz-Weiß ohne Ton, japanisch untertitelt. Ein roter Porsche mit offenem Verdeck parkt neben dem Gehsteig. Der Beifahrer, stilecht mit Ledermütze und Zwanzigerjahre-Schutzbrille, ist ein Hund mit massigem Kopf und bunter Blumenkette um den Hals. Der Fahrer liebkost ihn ausgiebig, bevor er den Wagen verlässt. Ich bestelle Bier. Kyokos Rücken schweigt. Am Eingang des Gebäudes gegenüber wehen in hellen Bündeln längliche dünne Plastikhüllen, Etuis, in die man die nassen Schirme an Regentagen steckt, bevor man die Halle betritt.

Kyoko seufzt, legt das Gerät auf den Tisch, wendet sich zu mir.

»Die Schwiegermutter hat meinen Mann ausgesperrt. Ich verliere langsam völlig die Nerven.«

Sie starrt auf ihren Teller mit dem vernichteten Weihnachtskuchen.

»Und die Kinder sind die Waffen.«

Sekundiere ich.

Sie nickt.

Dabei hatte alles so schön begonnen vor drei Jahren. Kyoko

hatte endlich einen Mann gefunden, zwar aus dem Internet, doch kurz vor Weihnachten. An diesem Tag will niemand alleine oder nur mit Familie feiern. Gemeinsam besichtigten sie *illuminations*, aufwendige Festtagsbeleuchtungen, für die sich die japanischen Städte verausgaben: Jedes Weihnachten prächtiger, farbiger, fantastischer.

»Wir gingen Arm in Arm. Er hat mich gewärmt.«

Kyoko war begeistert, als wir nach diesen ersten Liebeswochen skypten.

»Genau so soll es sein, zuerst *illuminations*, dann schikkes Restaurant. Er hat gekämpft um einen Platz in einem der besten und ich bin nicht leicht zufriedenzustellen, was Essen betrifft. Das ist bereits ein wichtiger Test. Und der Kuchen in Form eines rosa Herzens. Ich habe große Hoffnung, dass diese Beziehung etwas wird. Er gab mir ein kleines Geschenk, eine Halskette in Gold, wie es sich gehört.«

Ich gratulierte.

Dann sahen wir uns flüchtig im Sommer, auf dem Flughafen in Venedig, sie musste zu einer Ausstellung, ich zu einem Vortrag: Er hatte ihr einen Heiratsantrag gemacht. Sie war glücklich.

»Und alles andere werden wir schon schaffen. Gemeinsam«, hatte sie hinzugefügt.

»Was meinst du mit ›alles andere‹?«

»Ach nichts, du weißt ja, Probleme gibt es in jeder Beziehung.«

»Stimmt.«

Je näher die Hochzeit rückte, desto enger schloss sich der Kreis seiner Familie um Kyoko. Vor dem Antrag hatte der Auserwählte nämlich gestanden, dass er nicht wirklich alleine sei. Von seiner Frau getrennt, ja, und bald geschieden, sicherlich.

Kyoko wollte nicht nachfragen. Wozu? Alles begann gerade neu.

»Ich habe kein Problem mit deiner Frau.«

»Sie ist krank, weißt du, sehr krank, musste die letzten zwei Jahre in einer Klinik verbringen. Schizophrenie.«

»Dann ist sie doch versorgt. Oder?«

»Meine Mutter freut sich auf unsere Hochzeit, ist erleichtert.«

»Gut. Sie freut sich für dich.«

»Weißt du, also meine Frau und ich, wir haben auch Nachwuchs.«

»Nachwuchs? Du meinst, du hast ein Kind?«

»Ja, ungefähr.«

»Wie ungefähr?«

»Also wir haben eigentlich drei.«

»Aber wenn deine Frau in der Klinik ist, wo leben sie dann?«

»Genau, als sie so krank geworden ist, habe ich überlegt, ich will das Sorgerecht, damit ihnen nichts geschieht.«

»Und wo sind sie?«

»Bei meiner Mutter. Meine Mutter kümmert sich um sie.«

»Ah, ja. Und du siehst sie immer dann, wenn du keine Zeit hast, mich zu treffen.«

»Es macht dir doch nichts aus.«

»Doch. Macht mir was aus. Ich bin keine Kinder gewohnt. Ich meine größere, möchte aber selbst ein Baby. Mit dir.«

»Gut. Also willst du mich heiraten?«

»Ich habe Angst, dass es nicht klappt wegen deiner Kinder.«

»Doch, doch. Meine Mutter ist für sie da und wir können bei den Eltern wohnen. Das Haus ist groß genug. Wir haben unser eigenes Zimmer.«

Kyoko aber wollte nur heiraten, wenn sie nicht zu seinen Eltern zogen. Er stimmte zu. Also Neubau eines Hauses, so kann die Familie sich ohne Probleme öfter sehen, schlugen seine Eltern vor. Überwältigt willigte Kyoko ein, konnte das großzügige Angebot nicht ausschlagen. Sie absolvierten Termine mit Maklern, Architekten, Anwälten, wählten mit Bedacht den richtigen Ort, sicher vor Erdbeben und Tsunami. Dann endlich der Banktermin mit Kostenvoranschlag und einer Überraschung: Nicht die Eltern beantragten den Kredit, sondern das junge Paar sollte zahlen fürs Haus. Da Kyokos Mann gerade seinen Job gewechselt hatte, standen die Chancen schlecht.

»Leider, nein. Zu wenig Sicherheit.«

»Aber Kyoko ist Beamtin«, warf die Schwiegermutter ein.

»Ah. Das ist eine andere Sache. Beste Referenz für einen Kredit in dieser Höhe.«

Hier stoppte Kyoko das Vorhaben, bekam Angst. Sie würde mindestens vierzig Jahre abzahlen. Entschied sich dagegen. Seine Eltern schwiegen. Vorerst.

Zwei Wochen nach der Hochzeit begann der Krieg. Kyoko soll jetzt für die Kinder sorgen, ihren Job aufgeben, so wie alle verheirateten Frauen. Befahl die Schwiegermutter. Kyoko gehorchte nicht. Also ging die Schwiegermutter dazu über, Rechnungen zu sammeln, und verlangte fast den ganzen Verdienst des Ehemanns für den Unterhalt der Kinder. Das Wochenende verbrachte der Nachwuchs mit dem frisch verheirateten Paar. Kyoko musste ihre Wäsche waschen, bügeln, Schulsachen für die Woche vorbereiten. Die Wohnung war winzig, zwei Räume für fünf Personen. Die Kinder, aufgehetzt von der Schwiegermutter, kritisierten:

»Schlecht gebügelt, Kyoko!«

Die Freundin brach zusammen, war vier Wochen krank.

Kurz vor Weihnachten die Versöhnung. Die Schwiegermutter wollte den Tag als Familienfest begehen, mit den Kindern. Diesmal *Assorted Cake*. Wegen des Erdbebens. Ein *Quake Cake*, weil die Menschen nun zusammenrücken im Unglück. Wir müssen uns gegenseitig helfen und stützen, sagte die Schwiegermutter und befahl ihrem Mann, den Kuchen im Kaufhaus mit allem Zubehör abzuholen: Keksen, Bonbons, Ornamenten und Buchstaben aus Bitterschokolade.

»Wir schmücken den Kuchen selbst, jeder darf mitmachen.« Sagte die Schwiegermutter.

»Und du hilfst mir mit dem Abendessen, Kyoko.«

»Aber ich arbeite am 24. Das ist kein Feiertag.«

»Dann nimm dir frei. Du bist eine verheiratete Frau, du musst für deine Familie da sein. Warum arbeitest du überhaupt noch?«

»Weil ich muss. Und du weißt, dass ich die Kinder nicht ertragen kann. Meine Wohnung ist zu klein.«

Sogar Kyokos Freundinnen finden, dass sie mit dem Mann und seinen Kindern zusammenleben soll, und sind überzeugt, dass sie den Traum vom Happy End zerstört.

»Ich bin sehr spät gekommen an diesem zweiten Weihnachtstag«, erzählt Kyoko.

»Mein Mann wartete mit dem Kuchen: Maronencreme und M&Ms. Sein kleiner Sohn hatte ihn dekoriert.«

Sie pulte die bunten Dragees aus der hellbraunen Creme, schluckte die Süßigkeit in zwei Bissen und weinte.

»Er hat mir versprochen, dass sich alles ändert. Aber der Krieg ging weiter und immer weiter, ging das ganze Jahr«, erzählt Kyoko.

»Wie heute, das war typisch. Deshalb habe ich mich geweigert. Ich kann nicht mehr. Bereits um sechs Uhr früh standen die Kinder mit ihren Rucksäcken und der Schmutzwäsche vor der Türe. Ich habe geschrien vor Wut. Ich musste doch zur Arbeit. Mein Mann tröstete mich, hat die Kinder geschnappt und sie zurückgefahren. Aber seine Mutter versperrt ihm die Tür, lässt ihn nicht ins Haus. Sie verbringen den Tag im Auto.«

Ihre Stimme bricht.

»Deswegen bin ich so froh, dass wir uns getroffen haben, um ins Theater zu gehen. Allein sein will ich auch nicht.«

»Ich freue mich immer, dich zu sehen. Willst du was trinken? Sparkling?«

»Ein wenig. Muss morgen ins Büro.«

»Auch am 25.?«

»Ja. Aber immerhin hilft die Arbeit beim Vergessen. Wie fandest du die Inszenierung?«

»Ich mochte die Songs aus der Dreigroschenoper.«

»Mackie Messer.«

»Obwohl ich nicht verstehe, warum ein Tanzstück über Liebe mit Liedern untermalt wird, in denen Frauen Prostituierte und Männer Zuhälter sind.«

Kyoko überlegt.

»Vielleicht nicht wegen dem Text, sondern wegen der Musik? Die Tänzer sind vielleicht nicht so auf Sprache konzentriert?«

»Also waren wir die einzigen, die die Texte verstanden und damit eine dritte Dimension neben den Körpern und den Melodien?«

»Ja, wahrscheinlich.«

Kyoko lebte einige Jahre in Frankfurt; ihr Deutsch ist makellos.

»Am besten gefiel mir der Wechsel zwischen Musik und Stille. Dass manche Passagen ohne Begleitung getanzt wurden, die Konzentration nur auf die Bewegung der Körper gelenkt, das dumpfe Nachgeben der Bodenplanken, das rhythmische Atmen der Tänzer.«

»Ja, toll, dass wir ganz vorne saßen.«

»Aber hast du gemerkt, dass die Frau ihre Beine rasiert hatte? Und der Mann nicht?«

»Nein, wirklich?« Kyoko kichert.

»Ist gar nicht so weit her mit der Gleichheit der Geschlechter, wie sie es andeuten wollten durch die exakt gleichen Kostüme, also Tutu auch für ihn.«

»Hm. Ich fand das Ganze eigentlich zu schmerzlich, zu tragisch. Als ob es nichts Schönes gäbe zwischen Männern und Frauen.«

»Vielleicht ist das europäisch resignativ?«

»Und nicht japanisch romantisch, willst du sagen?«

Kyoko grinst, traurig.

»Also jedenfalls: *Kanpai!*«

»*Kanpai!* Auf die Frauen!«

Wir prosten uns zu. Kyoko nippt, besorgter Blick aufs Telefon.

Im Fernsehen sitzen Massen von Heiratswilligen in Turnhallen auf Klappstühlen einander gegenüber, die Frauen notieren ihre Favoriten auf Stimmzetteln, werden an Schautafeln gedrängt. Konkurrenz entsteht: Welche Frau gießt dem Begehrten das Bier besser ins Glas? Er aber sucht sich eine andere fürs Gespräch. Schließlich weiße Plastikstühle in einem Park, transkribierte Witze am Bildschirm, Sprechblasen.

Wir wickeln die rosa Plüschdecken fester um unsere Beine. Durch die Fensterscheiben, die bis zum Boden reichen, dringt Kälte. Wir warten auf das Finale: Der Mann überwindet eine Strecke von dreihundert Metern im Laufschritt, übergibt seiner Auserwählten einen Blumenstrauß. Sie verneigt sich, dankt. Hand in Hand schreiten sie aus dem Bild.

»Ist dir aufgefallen, dass keine einzige Frau mehr als einen

Bewerber hat oder dass sie die Umkämpfte und Umschwärmte ist? Nie darf die Frau den Mann wählen.«

»Stimmt.«

Zum Schluss die Erfolgsmeldungen: Hochzeitskleider, Krinolinen in Rot oder Weiß oder Gelb. Hochzeitsdaten. Babys im Arm. Glückliche Familien dank TV.

Ich bestelle zwei weitere Gläser Alkohol.

»Aber was macht dein Mann jetzt mit den Kindern? Wenn er nicht zu seiner Mutter darf?«

»Erst ins Dampfbad.«

»Aber das wird schließen.«

»Nicht vor drei oder vier Uhr früh.«

»So lange wollen sie bleiben?«

»Ja, es ist bequem dort, sagt mein Mann. Geheizt.«

»Und dann? Willst du ihnen nicht deine Wohnung überlassen für diese eine Nacht? Du kannst bei mir schlafen. Und morgen bringt er die Kinder zu seiner Mutter.«

»Wirklich?«

»Klar, du kannst jederzeit zu mir.«

Der Kellner räumt diskret den Kuchen beiseite. Sie hat das Backkunstwerk bloß demoliert, nicht gegessen. Kyoko greift nach dem Telefon, beginnt erneut zu diskutieren. Es dauert nicht lang.

»Nein«, sagt sie. »Mein Mann meint, dass das Spiel dann endgültig verloren ist. Sie werden im Auto schlafen. Auf einem Parkplatz.«

»Sicher?«

»Ja, denn sonst glaubt die Schwiegermutter, dass genug Platz bei mir ist, dass ich die Kinder aufnehmen kann. Und wenn ich einmal ja sage, muss ich schließlich immer ...«

»Okay. Merry Christmas trotzdem.«

»Merikurisimasu!«

Wir stoßen an mit rosa sprudelnden Getränken. So wie die anderen Gäste rund um uns im *Comme Ca Blanc d'Oeuf*, junge Pärchen, verlegen, verschwiegen, verschüchtert oder bereits lachend, Händchen haltend.

»Manchmal könnte ich sie töten, diese Verliebten!«

Zischt Kyoko.

»Töten töten töten. Solange sie noch an Happy Ends glauben.«

*Klaus Bittermann*

# Weihnachtsfeier mit Chili con carne

In der *Frankfurter Allgemeinen Sonntagszeitung* stand, ich würde immer »schäbige Orte« aufsuchen. Ach ne! Wenn ich dem Herrn Einstein vom Café Einstein, wo ich wegen des Apfelstrudels mit Vanillesoße und Vanilleeis, aber auch wegen eines kleinen Wiener Schnitzels häufig hingehe, stecken täte, dass die *Frankfurter Allgemeine Sonntagszeitung* das Café Einstein als »schäbig« bezeichnet, dann würde aber jemand totales Hausverbot auf Lebenszeit kriegen, und zwar für immer, wie Mr. Fup präzisieren würde, wenn es ihn interessieren täte.

Die BVB-Kneipe »Respectbar« in der Lausitzer Straße hat mich auf eine Weihnachtsfeier eingeladen. Aber ich sage da niemandem was davon, dass die *Frankfurter Allgemeine Sonntagszeitung* in dem Moment, wo ich in einer Bar auftauche, diese bereits für »schäbig« hält, auch wenn diese Bar »Respectbar« heißt und man ihr – wie der Name schon heißt – etwas Respekt entgegenbringen sollte. Wenn sich das von der *Frankfurter Allgemeinen Sonntagszeitung* gestreute Gerücht herumspräche, hieße es möglicherweise bald: »Mach die Tür zu, der Bittermann kommt. Das gibt schlechte Presse.«

Gott sei Dank halten sich in der »Respectbar« nur BVB-Fans

auf, und die haben andere Probleme. Zum Beispiel das nächste Spiel gewinnen. Und auch die Barfrau würde darüber nur lächeln, wie sie immer lächelt, und zwar wie die Grinsekatze in »Alice im Wunderland«. Freundlich und wie ein Puttenengel, der am Weihnachtsbaum hängt, steht sie an der Tresenecke, trinkt Prosecco, stützt ihre Ellbogen auf den Tresen und raucht, wie nur Grazien rauchen. Man muss sich die von ihr angesteckten Zigaretten als glückliche Zigaretten vorstellen. Wenn nicht gerade jemand ein Bier bestellt. Dann muss die Zigarette ohne sie im Aschenbecher verglühen.

In der »Respectbar« müsste schon was viel Schwerwiegenderes passieren, bis da einer Hausverbot kriegt. Wahrscheinlich müsste er den Video-Beamer samt Leinwand kaputt machen, auf dem immer die Spiele von Dortmund gezeigt werden, und zwar ausschließlich. Das würde gar nicht gehen.

In Wirklichkeit gehe ich wegen des Chili con carne hin, das es geben soll, weil ich das noch von früher kenne. In den Achtzigern hatte Chili con carne mal Konjunktur. Jedenfalls bei mir. Und Weihnachten stimmt einen ja auch nostalgisch. Obwohl Chili con carne für mich gar nichts mit Weihnachten zu tun hat. Das wäre vielmehr ein Backhähnchen für vier Personen, denn das gabs bei uns früher immer zu Weihnachten, weshalb ich, wenn ich mal so ganz allein für mich Weihnachten haben will, wenn gar kein Weihnachten ist, mir nur ein halbes Hähnchen von der Hähnchenstation an der Görlitzer Straße kaufen muss, und bei dem halben Hähnchen, denn Viertelhähnchen gibt es da nicht, hätte ich schon doppelte Weihnachten. Aber an der Hähnchenstation muss man immer so lange anstehen. Vielleicht geht es anderen Leuten auch so wie mir, vielleicht hatten die auch immer Hähnchen zu Weihnachten? Und jetzt müssen sie immer zur Hähnchenstation, wenn sie es mal ein bisschen feierlich haben wollen.

Weihnachten ist außerdem, da ich schon mal dabei bin auszupacken, Flötenspielen. Das war quasi der Preis, oder das Vorspiel, wenn man so will, um anschließend Hähnchen essen zu dürfen, auch wenn es nur ein Viertelhähnchen war. Und ich wollte Hähnchen. Dafür spielte ich auch Flöte, und zwar egal wie. Töne kriegt man ja immer irgendwie raus. Und »O Tannenbaum« ist ja nicht so schwer. Aber sehr sehr öde. So öde, dass ich es mir Gott sei Dank erst gar nicht abgewöhnen musste. Ich muss nicht mehr Flöte spielen, bevor ich mich dann aufs Viertelhähnchen stürzen kann. Unangenehm ist nur, dass ich ans Flötenspielen denken muss, wenn ich Hähnchen esse. Da kann einem dann schon der Appetit vergehen. Aber so ist Weihnachten. Man zahlt einen hohen Preis für das Hähnchen.

Flötespielen war auch Bedingung dafür, dass man ein Geschenk kriegte. Komischerweise war es immer das gleiche Geschenk, aber ich war besessen davon. Und auch dafür spielte ich Flöte, wenn es denn sein musste, und meine Alten meinten, es müsse unbedingt sein, was ich bis heute nicht verstehe. Jedes Jahr kam ein neues »Mecki«-Buch heraus, und dieses »Mecki«-Buch lag dann unter dem Baum, und zwar unter einem echten Baum aus eigener Bodenhaltung mit echten Holzwürmern. Wenn ich mich recht erinnere, gab es 13 »Mecki«-Bücher. Wenn ich jedes Jahr eins zu Weihnachten bekommen habe und die Schenkerei von »Mecki«-Büchern mit 8 angefangen hat, weil da ja auch Text drin stand, dann kriegte ich die »Mecki«-Bücher noch mit 21 geschenkt. Das gibt mir im Nachhinein zu denken. Manchmal ist es ganz gut, dass der Schleier des Vergessens sich über solche Dinge legt.

Worüber sich der Schleier nicht gelegt hat, wie die »Mecki«-Bücher hießen. Zum Beispiel »Mecki bei den Indianern« oder »Mecki bei den Chinesen« oder »Mecki bei den Negern«, und jede Geschichte endet immer an einer bestimmten Stelle, wo die nächste dann beginnt. Mecki will nach bestandenem Abenteuer mit seinem Ballon in die Heimat zurückfliegen (Ende der Geschichte) und landet dann doch bei den »Negern« (Anfang der nächsten Geschichte) oder im Schlaraffenland, das aber nicht seine Heimat ist. Ich weiß gar nicht, ob er überhaupt jemals dort ankam, wo er hinwollte, denn dann wäre ja die Serie zu Ende gewesen. Heimat, lernte ich von Mecki, ist da, wo man am besten nie ist, nur manchmal, um an Weihnachten »Mecki«-Bücher geschenkt zu bekommen.

Das ist lange her. Jetzt gehe ich in die »Respectbar« auf eine Weihnachtsfeier, um Chili con carne zu essen. Aber das Chili ist alle. Con carne auch. Ich bin zu spät. Zum Trost kriege ich von Heike BVB-Plätzchen. Heike trägt immer einen BVB-Rock, den sie sich selber genäht hat, und ist die gute BVB-Fee. Sie hat die Plätzchen gebacken. Gelbliche Teigstücke, die jeweils zu einem B geformt sind, zu einem V und außerdem gibt es Nullen und Neunen, damit man ein BVB 09 im Kreis anordnen kann, bevor man es aufisst. Aber das möchte ich nicht, so kurz vor einem Spiel. Das ist mir zu symbolisch. Dann gibt es noch Glühwein, mit dem die Dortmund-Fans bereits vorgeglüht haben. Sie singen inbrünstig sämtliches Liedgut über den BVB, vor allem »Heja BVB«, und das immer wieder und laut und falsch, wegen des Glühweins. Na wenigstens muss ich nicht auf der Flöte spielen.

Sarah Khan

# Heilige Scheiße

Meine erste eigene Wohnung war 42 Quadratmeter groß und lag im vierten Stock eines runtergekommenen Altbaus in Hamburg St. Pauli. Meine Mutter wohnte in der Nähe, sie sollte als Vormund den Mietervertrag unterschreiben, denn ich war erst 17 Jahre alt, aber ich war zu faul, zu ihr rüberzugehen, und fälschte die Unterschrift. Man sieht es gleich, das ist nicht die Schrift einer Erwachsenen. Aber es war eine perfekte Fälschung, denn meine Mutter hatte eine sehr kindliche Schrift, obwohl sie achtzehn Jahre älter ist als ich.

Sie versicherte mir seit Beginn meiner Periode regelmäßig: »Kind, du kannst immer zu mir kommen, auch wenn du in der Schule eine sechs schreibst oder schwanger wirst, wir schaffen das!« Es gibt kaum ein besseres Verhütungsmittel, als eine Mutter zu haben, die babysüchtig ist. Sie verkannte mich total. Ich war eine gute Schülerin und wollte studieren und auf keinen Fall so werden wie sie.

Ich war zunächst bei meinem Vater aufgewachsen, einem strengen Mann, der von Arbeit, Hygiene und Ordnung besessen war. Angeblich hatte Mama ihn deshalb verlassen, und ich erinnere mich, dass es oft Streit gab, wenn sie Teppichfransen kämmen, Messingelefanten putzen oder Schränke auswischen sollte. Irgendwann war sie weg und ich wuchs zusammen mit meinem Bruder beim Vater auf. Und wie sie war auch er uninteressiert an meiner Schule und Ausbildung. Eines Tages erkannte ich, dass ich unter seiner Obhut nur ein »gutes pakistanisches Mädchen« werden würde. Deshalb zog ich zu meiner Mutter nach St. Pauli, die dort mit einem weiteren Kind, das sie von einem türkischen Mann bekommen hatte, lebte.

Die Jahre in St. Pauli waren dann plötzlich sehr frei, wie verzaubert, auch gefährlich. Wer zu lange in St. Pauli bleibt, kriegt irgendwann mit einem fetten Edding (eine Hamburger Firma) ein großes, verschmiertes Tattoo ins Gesicht gezeichnet: Lebenskotze. Mit einem hübschen Anker durch Nase und Stirnlappen. Richtig gemütlich ist es nirgends in der Welt, aber St. Pauli ist raffiniert darin, gemütlich-ungemütlich zu sein. Einer der sinnbildlichsten Orte in meiner neuen Nachbarschaft hieß dann auch »Zur gemütlichen Tankstelle«, aber unter den Ironikern hieß der Laden in der Hein-Hoyer-Straße einfach nur »Zur Ungemütlichen«. Da gab es eine dekorative Trinkerclique, die 24/7 auf einem rustikalen Eckbänkchen saß, während der Wirt aus großem Sortiment Schnoopkram (Hamburgisch für Süßigkeiten) verkaufte, das als Mischsortiment in durchsichtigen Tütchen verpackt war. Beispielsweise zehn Mäuse, Lakritze und Gummi-Schnuller zu einer Mark. Die ganze Tütchen-Pracht hatte er auf blendend weißen Tiefkühltruhen arrangiert. Nie erfuhr man, wer oder was sich in den Tiefkühltruhen befand. Gleich neben der »Ungemütlichen« arbeitete ein kleiner Schuster mit einer schiefsitzenden schwarzen Perücke, was aussah, als hätte er einen Feudel (Hamburgisch für Wischmopp) auf dem Kopf. Holte man die neu besohlten Schuhe bei ihm ab, rief er: »Der schönste Mann ist der Heiamann! Der schönste Mann ist der Heiamann!« Er erklärte mir – da war ich gerade neu im Revier und mit den Gepflogenheiten noch nicht vertraut –, was es mit dem Heiamann auf sich hat: Der Heiamann war der Betrag, den es kostete, mit einer Nutte »Heia« zu machen – (Hamburgisch für »zu schlafen«). Dieser Schuster assoziierte den »Heiamann« Mitte der 1980er Jahre noch mit fünf Mark, was wohl bedeutete, dass seine aktive Zeit damals schon lange zurückgelegen haben musste.

Zu Weihnachten ist es ganz besonders schwer, den Modus Operandi von St. Pauli zu verstehen, denn da kommen nur ganz wenige Besucher, es lärmt kaum, und man könnte meinen, das wäre die natürlich friedvolle Stimmung, die allem stets unterliegt. Die Matrosen sitzen Heiligabend auf hoher See vor ihren Radios, hören im Rundfunk die Weihnachtsgrüße der Angehörigen, so herzergreifend mit sentimentalen Männerchorwerken versetzt, dass es dem härtesten Freier die Auslagen in der Herbertstraße vermiest. Die Nutten, allein unter sich, packen derweil Päckchen mit Diddlmäusen und Kuschelhasen für ihre grenzdebilen Kinder, um die sie sich sonst einen Scheiß scheren. Zur Weihnacht kocht im Sankt Paulianischen Gemüt ein besonders schleimiger Sud, der den Körper fast auf menschliche Temperatur bringt. Falls aber ein Nuttenfingernagel beim Einpacken der Geschenke abbricht, ergeht ein Orkan an Verwünschungen über die Diddlmaus, und es zeigt sich, wie schwarz die Milieuseele wirklich ist. Touristengruppen und einheimische Kegelclubs sind Heiligabend auch nicht unterwegs, und die netten, zugezogenen Studenten, die gelegentlich den Bioladen frequentieren, wenn bei Penny die Schlangen zu lang sind, befinden sich bereits daheim im Hessischen oder Sauerländischen, solide Geschenke vor sich.

Auch keine einsamen Hamburger Notare, Reeder, Kaufmänner und Herrenausstatter sind zu sehen, wie sie im Staubmantel die Reeperbahn hoch und runter schlendern. Und wenn doch der eine oder andere auftaucht, schwimmt in seinen Augen ein ganz großer Schluck Wasser. Es ist meist warm, Heiligabend in Hamburg, viel zu warm, selbst im Staubmantel. Mütterliche Huren, wofür sich dickbusige ältere Damen gerne ausgeben, sind seit Monaten ausgebucht. Wohin also mit der Not der einsamen Herrenausstatter und Notare? Vielleicht setzt sich der eine oder andere noch fix in den Schnellbus, der von der Reeperbahn abgeht und ihn in weniger als fünfundzwanzig Minuten in Bramfeld ausspuckt, wo ärmere Angehörige noch ein Stück Stollen für den Scrooge übriggelassen haben.

Die Kirche? Ja, die Kirche. Das bisschen bürgerliche Krume wird besinnlich eingestimmt. Meine Mutter arbeitete in der Friedenskirche Altona im Gemeindesekretariat, wenn sie nicht gerade in einem ihrer vielen Schwangerschaftsurlaube war.

Die echten St. Paulianischen Weihnachtslieder erklingen aus den Eckkneipen: Und darum liebe ich euch beide, Santa Maria, Insel, die aus Träumen geboren, verdammt, ich lieb dich, ich lieb dich nicht.

Und wie arg die Fenster der Kleinbürgerwohnungen blinken und leuchten. Es sind Warnblinker: Wenn du meine Dogge nicht überall hinscheißen lässt, dann zerfleischt sie dich. Wenn du meinen Spasti-Sohn nicht ganz schnell ohne Zeugnis von der Schule entlässt, du Scheißgesamtschullehrer, dann hätte ich mich sehr in dir getäuscht. Wenn du mir blöd kommst, dann wirst du schon sehen.

Zugegeben, das Ausgehen liebte ich sehr, und es hätte mich beinahe ruiniert. Als ich schließlich, mit einem 2,0-Abitur in der Tasche, auf die Universität der Handelsstadt Hamburg ging, welch passend profaner Name für eine profane Universität, studierte ich im Hauptfach Ausgehen und in den Nebenfächern Ausschlafen und Rumhängen. Die Seminare hießen Kaiserkeller, Im Eimer, Mary Lou, La Paloma, Orkan, Tiefenrausch, Heinz Karmers, Schilleroper, Mutter. Obwohl ich damals kaum Alkohol trank, hatte es mich fast blöd gemacht, das ständige Ausgehen, denn Ausgehen war mein Wald, meine Wiese, mein Bächlein. Wer war schuld daran? St. Pauli war schuld daran.

Mein Vater hatte mich gewarnt, als ich aus seinem Hoheitsgebiet östlich der Alster zur Mutter westlich der Alster floh: Ich würde als Nutte enden!

Aber das war Quatsch. Ich war keine Nutte, ich war eine Romantikerin, die nie eine Rechnung aufmachte. Ich wollte einen Popstar heiraten.

Davon liefen auf dem Kiez einige herum. Nick Cave und den Schlagzeuger von den Toten Hosen hab ich hier getroffen. Aber solche Popstars meine ich nicht, sondern solche im Selbstbausatz. Wenn man sie fand, musste man sie wie ein Goldwäscher aus dem Schlamm holen und waschen, waschen, waschen.

Eine absolute Sackgasse für ein junges Mädchen, aber es gab genug Deerns (hamburgisch für Mädchen), die sich darauf einließen. Und wie sie wuschen. Im Laufe des Grundstudiums erkannte ich die Gefahr, die St. Pauli für mich bedeutete. Auch die Vereinsamung in meiner 42-Quadratmeter-Wohnung wurde ein Problem für mich. Ich wurde sonderlich und spielte stundenlang Tetris auf meinem 386er.

Ich musste da weg und ging da weg. Gründete mit meiner Freundin Natascha eine Wohngemeinschaft mit Katze.

Aber an einen Heiligabend in St. Pauli erinnere ich mich gut, es war das erste Weihnachten in den eigenen vier Wänden. Ich war allein. Was hätte ich tun können, wohin gehen? Zu Mama und ihren zwei kleinen Kindern, die sie mittlerweile hatte? Sie war die Erste, die mit diesem Fensterlicht-Wahnsinn-Blink-Blink angefangen hatte, wenigstens im Schmidt-Rottluff-Weg, der gerade neu gebaut worden war und von der Friedenskirche abging, das kann ich mit Sicherheit sagen. Damals hatte sie gerade ein neues Baby bekommen. Das Mädchen mit den zwei verschnörkelten Vornamen wurde sechzehn Tage vor Heiligabend geboren. Ich hatte das Kind noch nicht gesehen. Ich verdrehte nur die Augen. Der Kindsvater und sein Schäferhund waren schon über alle Berge und meine Mutter war, wie ich gehört hatte, seit der Geburt depressiv. Auch ihr Antrag auf eine neue Waschmaschine war vom Sozialamt St. Pauli Nord trotz »eilt sehr« noch nicht behandelt worden. Dieses Elend wollte ich mir nicht antun.

Zu meinem Vater mochte ich auch nicht gehen, der wollte an diesen Tagen niemanden sehen, schon gar nicht seinen Bastard, der Schweinefleisch aß. Ich konnte auch nicht zu meinem Onkel Johannes, der sonst immer die Rettung war und im gleichen Haus wie ich lebte. Als Kirchenmusiker hatte er Heiligabend seinen stressigsten Arbeitstag im Jahr. Familiengottesdienst, Chor, Mitternachtsmesse, orgeln, orgeln, orgeln.

Es war das Jahr, in dem mich der Weihnachtsmann komplett abgeschrieben hatte. Ich vergammelte vor dem Nachtspeicherofen, drehte das Gebläse auf maximal und stierte vor mich hin. Ausgehen war auch sinnlos. Alle Popstar-Projektionsflächen waren bei ihren gesunden Familien außerhalb des Kotze-Sperma-Döner-Ghettos im Hessischen oder Sauerländischen. Da klingelte es an der Tür. Wer störte meine Solitude? Die Ge-

gensprechanlage funktionierte natürlich nicht. Immerhin hatte mir meine besorgte Tante Christiane einen Spion in die Tür einbauen lassen. Ich schaute durch. Jemand kam all die Treppen bis in den vierten Stock hinauf. Es war meine Freundin Natascha, mit der ich zur Schule ging.

»Natascha, was machst du denn hier?« Richtig überrascht war ich nicht.

Nataschas Eltern waren Kommunisten (hamburgisch für Eppendorfer mit Automarke Lada) und lehnten Weihnachten, das »Hohefest des Kapitalismus«, grundsätzlich ab.

Deshalb gab es an den Weihnachtstagen bei den erklärten Feinschmeckern auch nichts Leckeres zu essen. Nataschas Mutter, eine Krankenschwester, ließ sich Weihnachten freiwillig zur Nachtschicht einteilen. Es war also nur logisch, dass Natascha an mich dachte.

Sie inspizierte als Erstes meinen Kühlschrank. Ich hatte ihn gebraucht zum Einzug geschenkt bekommen und auf dem Balkon silbern angesprüht. Er sah total cool aus und hatte damit seinen Zweck schon fast erfüllt. Ich kaufte nicht viel ein, ich war immer sehr knapp bei Kasse. Natascha machte sich über meine Aufstriche und Wurstsorten lustig. Ja, ich gebe zu, ich gab nicht viel Geld für Aufstriche und Wurstsorten aus. Das sollte sich erst später ändern. Damals reichte mir etwas Jagdwurst, wenn sie im Angebot war, und Gouda mit Margarine auf preisgünstigem Schnittbrot. Natascha wurde nervös, als sie das Elend sah. Sie wollte etwas Schönes essen, sie wollte eine tiefe Weihnachtsbefriedigung auf der Zunge. Sie war schon damals sehr appetitgesteuert. Aber ich werde Nataschas Appetit jetzt nicht weiter beschreiben, sondern kurz auf dessen Bedeutung in der Dramaturgie dieser Geschichte hinweisen. Auf die

Naturkraft, die bewirkt, dass zwei 17-, 18-jährige Mädchen am Heiligabend, wo es ganz besonders schrecklich zugeht auf St. Pauli, das Haus verlassen, um eine gegrillte Ente oder irgendetwas Fettig-knuspriges zu kaufen. Auch ein Glas Rotkohl wollte Natascha auftreiben.

Ihr Blick fiel auf eine durchsichtige Zellophan-Verpackung mit weißem Pulver.

»Was ist das denn?«

»Badesalz von Douglas. Hab ich für meine Mutter zu Weihnachten besorgt.«

Natascha schlug vor, zu meiner Mutter in den Schmidt-Rottluff-Weg zu gehen, ihr das Badesalz zu bringen und zu schauen, ob es da ein Glas Rotkohl für uns gab.

Ich nahm die Geschenke mit, die ich für das neugeborene Mädchen und meinen kleinen Bruder besorgt hatte, der damals etwa 6 oder 7 Jahre alt gewesen sein muss.

Bei Mama in der Wohnung war es ruhig. Der kleine Bruder spielte mit neuen Spielsachen. Auch hatte er für sein Zimmer einen Schreibtisch und einen Drehstuhl geschenkt bekommen. Er war verunsichert und verstört, so wie alle kleinen Kinder, die neue Geschwister verkraften müssen und sich insgeheim doch freuen, wenn durchreisende Kindsväter mit Schäferhund den Weg nach »ohne Wiederkehr« finden.

Mir ging es nicht anders.

Das Baby schlief, war sehr zart und kahl auf dem Kopf. Ich setzte mich auf die Couch gegenüber der Postertapete »Palmenstrand«, vor der ein kleiner Weihnachtsbaum stand, und bekam sie in den Arm gelegt. Sie schnorchelte vor sich hin.

Mama kochte Tee und bot uns Spekulatius mit und ohne Mandeln an.

Sie hatten nach der Bescherung Würstchen mit Kartoffelsalat gegessen. Warmes Essen gab es traditionell am ersten Weihnachtstag. Natascha rümpfte die Nase. Mama erzählte, dass sie bald wieder im Gemeindesekretariat arbeiten würde. Um die Kleine würde sich unterdessen ihre Freundin A. kümmern, als Tagesmutter. Es wäre schon alles besprochen. Ich war überrascht. Das klang doch ganz vernünftig. Auch hörte ich die rhythmischen Geräusche einer arbeitenden Waschmaschine aus dem Badezimmer.

Das Sozialamt St. Pauli Nord hatte unmittelbar vor Heiligabend eben doch noch erkannt, dass einer Mutter mit zwei kleinen Kindern das Leben ohne Waschmaschine nicht zumutbar sei. Ich war so froh! Mama stellte das Badesalz von Douglas auf die neue Waschmaschine. Natascha fragte nach Rotkohl. Mama gab ihr ein Glas.

Wir verabschiedeten uns und gingen auf Entenjagd. Wanderten durch die Nebenstraßen der Reeperbahn und inspizierten die Imbiss-Auslagen. Natascha rümpfte nur die Nase. Ich aß ein quadratisches Stück Pizza, der Teig hatte die Konsistenz von Fahrradreifen. Schließlich fand Natascha ihr Glück im »Bayrisch Zell« auf der Reeperbahn. Die Bedienung am Grillstand trug Tiroler Hut und Tracht und war sehr freundlich. Ich wollte nichts mehr. Zurück in meiner Wohnung, erhitzte Natascha den Rotkohl und machte sich einen hübschen Teller zurecht. Wir setzten uns auf mein Sofa, schalteten den Fernseher ein, kuschelten uns zusammen. Natascha aß und fütterte mich. Irgendwann waren wir müde und legten uns in mein Bett. Als ich mittags aufwachte, war sie schon lange weg, die Frühaufsteherin. Ein Teller abgenagter Knochen stand noch im Wohnzimmer. Vom halben Weihnachtshähnchen aus dem »Bayrisch Zell« auf der Reeperbahn.

# Da haben wir den Salat

*Olga Martynova*

# Der ewige Salat

WEIHNACHTEN

*Farbe:* Dunkelgrün, Gold, Silber
*Licht:* Kerzen
*Geruch:* Nadelbaum, Zimt, Zitrusfrüchte, Bratäpfel
*Ton:* Glockenläuten
*Tastgefühl:* Geschenkpapier, seiden, samtig
Nadelbaum, stachelig
*Geschmack:* Gans, Plätzchen

SILVESTER

*Farbe:* Bunt von Konfetti und Knallbonbons
*Geruch:* Sekt, der die Nüstern kitzelt,
Schnee, Feuerwerkspulver
*Geräusch:* Sektgläser, Feuerwerksknall,
Zischen vom Bleigießen
*Tastgefühl:* Heiße Finger von zu weit
heruntergebrannten Zündhölzern

*Geschmack:* Karpfen blau,
Heringssalat gegen den Kater

WEIHNACHTLICHE FRAGEN AN MICH
(KOMMEN ALLE JAHRE WIEDER
WIE WEIHNACHTEN SELBST):

*Wie macht ihr das eigentlich in Rußland?*
*Habt ihr Weihnachten wie wir?*
Jawohl, aber Heiligabend ist bei uns nicht am
24. Dezember, sondern am 6. Januar.
*Schmückt ihr auch einen Tannenbaum und*
*verteilt Geschenke?*
Ja, aber nicht an Heiligabend, sondern zu Silvester.
*Und wann feiert ihr Silvester?*
Am 31. Dezember natürlich, wie alle anderen auch.
*Also feiert ihr Neujahr vor Weihnachten?*
(Der deutsche Freund ist etwas durcheinander und
erwartet Erklärungen.)

Vor dem Umsturz im Oktober 1917 war die Weihnachtszeit in Rußland genauso wie im übrigen Europa. Deshalb konnte Tschaikowsky problemlos ein Ballett nach dem »Nußknacker« von E.T. A. Hoffmann komponieren, dessen Atmosphäre den russischen Kindern genauso vertraut war wie den deutschen. Nur hatten die russischen Kinder sämtliche Festlichkeiten mit zwei Wochen Verzögerung. Wir lebten ja nach verschiedenen Kalendern. 1918 entschloß sich die neue bolschewistische Regierung für einen Wechsel zum Gregorianischen, also »progressiven«, »europäischen« Kalender. Die russische orthodo-

xe Kirche, die ungefähr zur gleichen Zeit vom Staat getrennt wurde, lebt bis heute nach dem Julianischen Kalender, den sie viel schöner findet, weshalb sie ihre Mission darin sieht, ihn für die Menschheit zu retten. Spuren der julianischen Zeitrechnung gibt es übrigens nicht nur in Rußland. Als 1582 Papst Gregor VIII. den neuen Kalender einführte, beharrten die protestantischen Länder zunächst auf dem alten und akzeptierten die Zeitreform nur langsam. Am standhaftesten blieben dabei die Schweizer. Heute noch feiern sie in einigen protestantischen Gebieten den Jahresbeginn in der Nacht vom 13. auf den 14. Januar mit viel Lärm, Masken, Tanzen und allem, was zu einem Volksfest gehört. Sie haben dafür das schöne Wort »Silvesterklausen« und haben überhaupt nicht vor, darauf zu verzichten.
In Rußland rutscht man nach staatlichem Kalender in der Nacht vom 31. Dezember zum 1. Januar ins neue Jahr. Religiöse Feiertage begeht man jedoch nach dem Julianischen Kalender, so daß der Heiligabend am 24. Dezember dem 6. Januar nach heute üblicher Zeitrechnung entspricht. Aber die Geschichte hat uns gelehrt, daß Kerzen und Geschenke in erster Linie dazu da sind, die dunkelsten Tage des Jahres zu erleuchten, ihnen die erwartungsvolle und etwas märchenhafte Atmosphäre zu verleihen. Wie Lichter, Masken und Ratschen bereits in den vorchristlichen Zeiten die Dämonen aus dem unheimlichen Winterdunkel vertrieben.

Für die Kommunisten war all das nicht allzu wichtig: Weihnachten wurde für rückständig erklärt. Die Tannenbäume wurden in den 20er Jahren abgeschafft, wer dennoch einen wollte, stellte ihn heimlich und bei dicht zugezogenen Gardinen auf (draußen, im Dunkeln, waren die stalinistischen Dämonen auf der Lauer). Doch Tyrannen sind launisch und unberechenbar.

1936 hieß es plötzlich: Auch die sowjetischen Kinder sollen ein Neujahrsfest mit Tannenbaum und Geschenken haben. Natürlich freuten sich die Menschen über ein Stück Normalität. Für lange Zeit blieb der Jahreswechsel das einzige Fest, das mit keiner Ideologie verbunden war. Ein Tag der Familientreffen: Wärme, Liebe und Freude, kindliche Erwartung eines Wunders, Geschenke unter dem Tannenbaum. Ein Festtisch, für den spätestens seit dem Sommer die besten Lebensmittel zurückgelegt wurden: eingelegtes Gemüse, Schokolade, Sekt standen in der Anrichte, und jeder in der Familie wußte, daß all das für Neujahr ist, also früher nicht zu berühren. In den entferntesten Ecken der Schränke versteckten die Familienmitglieder die Geschenke voreinander. Als Kind wußte ich immer, wo mein künftiges Geschenk verstaut worden war, habe aber nie geschaut, was es war, um den Erwachsenen die Freude, mich zu überraschen, nicht wegzunehmen.

Aber wirklich Weihnachten zu feiern ... Na ja. Da kommt mir eine Episode aus der Zeit von Chruschtschows »Tauwetter« in den Sinn: In rührender Sorge um die Allgemeinbildung der sowjetischen Kinder hatte man entschieden, eine Bibeladaption herauszugeben. Den Auftrag hatte der berühmte Kinderautor Kornej Tschukowsky bekommen. Die strengste Vorbedingung dieser Publikation war die konsequente Auslassung der beiden Wörter »Juden« und »Gott«. Jeder Gott war genauso halbverboten wie das jüdische Volk. Das führte dazu, daß jede Religion im Bewußtsein der Menschen eher mit der allgemeinen Freiheitsidee (!) verbunden war als mit ihrem eigentlichen Inhalt. Und Weihnachten zu feiern war eine Art Fronde, ein Protest gegen die Kommunisten. Manche machten das am 24. Dezember, was bedeutete, daß sie westlich orientiert waren oder ausländische Freunde hatten (was aus Sicht der Obrigkeit viel schlimmer war, als an Gott zu glauben). Manche feierten am 6. Januar, das waren christlich-orthodoxe Gläubige, die allen Bräuchen streng folgten. Manche berücksichtigten beide Daten: Sie feierten oder sie protestierten gerne – oder beides. Aber das waren wirklich nur wenige, die Mehrheit freute sich auf das Neujahrfest, das sehr weihnachtlich aussah. Der Tannenbaum stand bis zum »alten Neujahr«, also bis zum 14. Januar.

Heute ist es in Rußland erlaubt, alles zu feiern. Das bedeutet, heute nehmen alle an allem teil. Wenn die Deutschen den Winterfeiertagen »Adieu!« sagen, nach einem kritischen Blick in den Spiegel beginnen, ans Fasten zu denken, und sich voll guter Vorsätze endlich in den Alltag stürzen, sind die Russen mitten in den Feierlichkeiten. Viele – nicht nur Katholiken und Protestanten, sondern auch jene, die es mit dem Beginn des großen Feierns eilig haben – beginnen mit der »katholischen« Weihnacht am 24. Dezember. Alle feiern natürlich Silvester und Neujahr. Dem folgt dann das Weihnachtsfest am 6. Januar. Damit hat das alles jedoch noch kein Ende, denn jetzt kommt das »alte Neujahr« (wie in der protestantischen Schweiz): Alle, die noch Kraft zum Feiern haben, verabschieden in der Nacht vom 13. auf den 14. Januar die Winterfeiertage mit noch einem kleinen Fest. Und erst nach diesem Fest beginnt endlich der Alltag des neuen Jahres.

Vor ein paar Jahren unternahm die russische Regierung den Versuch, die Feiertage nach altem und neuem Kalender gleichzustellen, was dazu führte, daß die Tage zwischen Neujahr und Weihnachten zu gesetzlichen Feiertagen erklärt wurden (an diesen Tagen arbeitet sowieso kaum jemand, dachte die Obrigkeit vermutlich). Alle Geschäftsleute im Westen, die mit Rußland zu tun haben, wissen: Wenn du eine Angelegenheit bis zum 20. Dezember nicht erledigt hast, dann mußt du bis Mitte Januar warten.

RUSSISCHES WEIHNACHTS-NEUJAHRS-FEST
*Farbe:* Dunkelgrün, Gold, Silber, Kerzenlicht –
Bunt von Konfetti und Knallbonbons
*Geruch:* Zimt, Zitrusfrüchte, Bratäpfel – Schnee;
seitdem man auch in Rußland um Silvestermitternacht
draußen die Feuerwerksraketen anzündet,
Feuerwerkspulver
*Geräusch:* Glockenläuten – Champagnergläser,
Feuerwerksknall, Zischen vom Wachsgießen
(wir gießen Wachs, nicht Blei)
*Tastgefühl:* Geschenkpapier, seiden, samtig;
Nadelbaum, stachelig – Heiße Spuren von zu nah
an die Finger gekommenen Zündhölzern
*Geschmack:* Gans, Stör, Plätzchen –
Salzgurke gegen den Kater, DER SALAT
DAS IST DAS WICHTIGSTE: DER SALAT!
Wie bitte? sagt der deutsche Freund etwas verdutzt.
Der Salat? Was für einer?

Auf all diesen Festen wird DER SALAT gegessen, solange der Vorrat reicht. Und der Vorrat ist groß. Auch bei mir zu Hause, hier in Frankfurt. Auch bei den Russen, die in den USA, Israel, Australien oder Japan leben.

In Zeiten spätsowjetischer Mangelwirtschaft scherzte man: »Keiner braucht heutzutage einen Zauberkessel, um zu sehen, welche Speisen auf den Herdplatten der Stadt zubereitet werden.« Denn bei allen gab es das gleiche: das, was die staatlich gesteuerte Wirtschaft anbot. Heute hingegen gibt es in Rußland nur ein Gericht, das obligatorisch auf den Neujahrstisch gehört. Wenn das festliche Menü besprochen wird, sagt man: Als Vorspeise machen wir *den Salat* . . . dann noch Auberginensalat, Eier-Käse-Salat, Frutti di mare. DER SALAT ist der berühmte, in Rußland unter dem Namen »Olivier« bekannte »russische Salat«, von dem ein Moskauer Lyriker meinte, er habe durch die Vereinigung aller seiner Zutaten suchterzeugende Wirkung. Das stimmt: Auch ein Nichtrusse wird ganz schnell danach süchtig, wie ich mehrmals beobachten konnte.

DER SALAT hat eine lange Kulturgeschichte. Im 19. Jahrhundert gab es in Moskau ein schickes Restaurant mit einem französischen Koch namens Olivier. Dieser komponierte ein kompliziertes Gericht aus verschiedenen Fleischsorten, Haselwild, Krebsen, Krabben und Eiern mit Mayonnaise als Beilage. So wie sich der Tannenbaum – als Brauch am russischen Zarenhof im 19. Jahrhundert von deutschen Prinzessinnen eingeführt – schnell unter den Leuten verbreitete, so kam auch bald der Salat Olivier auf jedermanns Tisch. Der orthodoxen Kirche waren die Christbäume als fremde Sitte zunächst suspekt. Die Kommunisten verpönten Olivier als bourgeoises Gericht. Doch das Volk entschied selbst, für den Tannenbaum und den Salat. Was kann einem Tannenbaum schon viel passieren? Selbst der Bethlehemstern auf der Baumspitze überlebte die Jahre der kommunistischen Diktatur getarnt als roter Stern. Zu ihm gesellten sich andere Schmuckfiguren: Kosmonauten, Flugzeuge, auch Maiskolben: die verordnete Verheißung der frühen 60er Jahre unverloren als Baumbehang, die Erinnerung daran, wie weiland Chruschtschow in Amerika war, den Reichtum dort sah und erkannte: »Der Mais macht sie reich«, und heimkam und anordnete, mit aller Kraft Mais anzubauen, bis an die Grenzen des Machtbereichs. Und doch bleibt der

Tannenbaum im Grunde immer der gute alte Christbaum. Mit dem Salat lief es ein bißchen anders: Sein französischer Name und aristokratischer Ursprung sicherten ihm einen Platz auf dem Neujahrstisch des kleinen Mannes. Mit dem ursprünglichen Gericht hatte der »neue Olivier« jedoch kaum etwas gemein: Erstens war das Originalrezept so gut wie geheim, und zweitens waren die Zutaten für die meisten Leute ohnehin unerschwinglich.

Dafür sind die endgültige Version und ihre Variationen weit verbreitet. Ein so wunderbares Gericht mußte auch außerhalb Rußlands Karriere machen, genauso wie der Tannenbaum aus Deutschland (so nimmt man zumindest an) in so viele Länder kam.

Der Heidelberger (auch Eß- und Trink-)Lyriker Hans Till hat für mich eine kleine Geographie des Russischen Salats geschrieben:

»du wirst lachen, wir kennen diesen salat als italienischen salat, eine partyspeise der sechziger jahre, als ein mann noch 1 dicken bauch haben musste, um was zu gelten. zusammen mit 2 eierhälften hiess dasselbe gericht aber russische eier. und in frankreich heisst er (jetzt wieder ohne eierhälften) maçedoine de légumes, also mazedonischer salat (ohne fleisch). in spanien hingegen: ensaladilla rusa, also russisches salätchen, mit tunfisch und meeresfrüchten, ein dick mit mayonnaise überstrichener haufen an jeder bar wird als tapa oder racion auf einen grösseren oder kleineren teller geschaufelt. alle lesarten dieses gerichts esse ich gern, die meisten habe ich schon selber hergestellt«

So geht die Geschichte weiter; was Hans Till noch nicht weiß: Eine rumänische Freundin nennt ihren russischen Salat »Salade du bœf«, obwohl er kein Rindfleisch beinhaltet, sondern das übliche Hühnchen.

Selbst in von Hausfrauen sorgfältigst geführten kulinarischen Notizbüchern wird man vergeblich nach dem Rezept dieser Volkskreation suchen, denn einen Salat Olivier kann einfach jeder. Deshalb schreibt man es nicht auf; aber gut, ich versuch's:

Man koche sechs ungeschälte Kartoffeln, dazu zwei Karotten (der Volksmund behauptet, die Karotten seien erst gekommen, als die Krabben zu teuer geworden waren; ein findiger Restaurantchef habe sich gedacht, seine angeheiterten Gäste würden den Schwindel nicht bemerken) und zwei Eier. Nach dem Abkühlen und Schälen schneide man diese sowie ein paar Salzgurken, einen Apfel und etwas Fleisch (das kann auch Hähnchenbrust oder Wurst sein) oder Krabben oder Garnelen – oder, für Vegetarier: nichts – in 1 cm große Würfel, dazu gebe man noch eine Dose Erbsen und etwas Salz und Mayonnaise (die man mit ein wenig saurer Sahne verfeinern kann). Fertig! Guten Appetit und frohe Weihnachten und ein gutes neues Jahr!

# Die Autorinnen und Autoren

Imran Ayata, 1969 in Ulm geboren, lebt und arbeitet in Berlin. 2005 erschien sein Erzählungsband *Hürriyet Love Express* (Kiepenheuer & Witsch). Dann folgte der Roman *Mein Name ist Revolution* (Blumenbar, 2011). Gemeinsam mit Bülent Kullukcu gab er 2013 die Musikcompilation *Songs of Gastarbeiter* (Trikont) heraus. 2015 erschien sein Roman *Ruhm und Ruin* (Verbrecher Verlag).

»Tunneltourette«, S. 91. Originalbeitrag. © Imran Ayata. Abdruck mit freundlicher Genehmigung.

Antonia Baum, geboren 1984, studierte Literaturwissenschaft, Geschichte und Kulturwissenschaft. Sie hat verschiedene Kurzgeschichten veröffentlicht und erhielt große Medienresonanz für ihre Romane *Vollkommen leblos, bestenfalls tot* (2011) und *Ich wuchs auf einem Schrottplatz auf, wo ich lernte, mich von Radkappen und Stoßstangen zu ernähren* (2015). Seit Februar 2012 ist sie Redakteurin im Feuilleton der *Frankfurter Allgemeinen Sonntagszeitung* in Berlin.

» Wann ist es denn so weit «, S. 82. Originalbeitrag. © Antonia Baum. Abdruck mit freundlicher Genehmigung.

Klaus Bittermann, geboren 1952, ist Verleger der Edition Tiamat, Journalist und Autor. Er lebt seit 30 Jahren in Berlin. Zuletzt erschienen: *The Crazy Never Die. Amerikanische Rebellen in der populären Kultur*, Berlin 2011, *Möbel zu Hause, aber kein Geld für Alkohol. Kreuzberger Szenen*, Berlin 2011, und *Sid Schlebrowskis kurzer Sommer der Anarchie und seine Suche nach dem Glück. Ein Ausreißerroman*, Berlin 2016.

»Weihnachtsfeier mit Chili con carne«, S. 197. Aus: Wie immer unverhofft. Neue Weihnachtsgeschichten. Herausgegeben von Susanne Gretter. suhrkamp taschenbuch 4378. © Suhrkamp Verlag Berlin 2012.

Tanja Dückers, geboren 1968 in Berlin (West), Schriftstellerin und Publizistin. Für ihre Werke erhielt sie zahlreiche Preise und Stipendien. Zuletzt erschienen ihr Roman *Hausers Zimmer* (2011), der Lyrikband *Fundbüros und Verstecke* (2012) sowie das Kinderbuch *Katzenaugengrüne-Trauben-Blitzer-Glitzer-Geistergrün* (2015). Nach verschiedenen Auslandsaufenthalten lebt sie heute mit ihrer Familie wieder in Berlin. tanjadueckers.de

»Von Gänsen, Reitern und anderen Tieren«, S. 45. Originalbeitrag. © Tanja Dückers. Abdruck mit freundlicher Genehmigung.

Saskia Fischer, 1971 in Bad Schlema geboren, lebt als freie Schriftstellerin in Berlin. Zuletzt erschien ihr Roman *Ostergewitter* (Suhrkamp, 2012). Ihr Gedichtband *Scharmutzelwetter* (2008) wurde mit dem ver.di Literaturpreis 2011 ausgezeichnet. 2012 war sie Stipendiatin im Alfred-Döblin-Haus.

»Rutenwirrwarr«, S. 166. Aus: Weihnachten kann kommen. Neue Geschichten. Herausgegeben von Susanne Gretter. suhrkamp taschenbuch 4463. © Suhrkamp Verlag Berlin 2013.

Marjana Gaponenko, 1981 in Odessa (Ukraine) geboren, studierte dort Germanistik und lebt heute, nach Aufenthalten in Krakau und Dublin, in Mainz und in Wien. Sie schreibt seit ihrem sechzehnten Lebensjahr auf Deutsch. 2009 wurde sie mit dem Frau Ava Literaturpreis ausgezeichnet. Ihr Romandebüt

*Annuschka Blume* erschien 2010, ihr zweiter Roman *Wer ist Martha?* 2012 im Suhrkamp Verlag, 2016 folgte der Roman *Das letzte Rennen*. 2013 wurde sie mit dem Adelbert-von-Chamisso-Preis ausgezeichnet.

»Wintertraum«, S. 28. Aus: Weihnachten kann kommen. Neue Geschichten. Herausgegeben von Susanne Gretter. suhrkamp taschenbuch 4463. © Suhrkamp Verlag Berlin 2013.

Juliane Löffler, geboren 1986, ist Journalistin, Autorin und Dramaturgin. Sie arbeitet als Redakteurin bei der Wochenzeitung *der Freitag* und war dieses Jahr mit einem Reporter-Stipendium der Robert-Bosch-Stiftung mehrere Wochen auf den Fluchtrouten unterwegs.

»Kalte Reste«, S. 124. Originalbeitrag. © Juliane Löffler. Abdruck mit freundlicher Genehmigung.

Stefan Moster, geboren 1964 in Mainz, lebt als Autor und Übersetzer in Berlin. Seine Romane *Die Unmöglichkeit des vierhändigen Spiels* (2009), *Lieben sich zwei* (2011) und *Die Frau des Botschafters* (2013) und *Neringa oder Die andere Art der Heimkehr* (2016) erschienen im mareverlag.

»Schinken, Gans und Mandelkern«, S. 11. Originalbeitrag. © Stefan Moster. Abdruck mit freundlicher Genehmigung.

Moritz Müller-Schwefe, geboren 1990 in Frankfurt am Main. Lebt und studiert in Berlin. Seit 2013 Herausgeber der Literaturzeitschrift *metamorphosen* und seit 2015 Herausgeber von *SuKuLTur-Lesehefte im Automaten*. www.magazin-metamorphosen.de

»Bluff, UT«, S. 73. Originalbeitrag. © Moritz Müller-Schwefe. Abdruck mit freundlicher Genehmigung.

Sarah Khan, 1971 in Hamburg geboren, wuchs zwischen dem Pfarrhaus der protestantischen Großeltern und den pakistanischen Traditionen des väterlichen Haushaltes auf. Sie studierte Volkskunde und Germanistik, veröffentlichte zwischen 1999 und 2004 drei Romane (*Gogo-Girl*, *Dein Film*, *Eine romantische Maßnahme*). Zuletzt erschien bei suhrkamp nova mit *Die Gespenster von Berlin. Unheimliche Geschichten* ein Buch zeitgenössischer Spukerscheinungen und Spukgeschichten. www.sarahkhan.de

»Heilige Scheiße«, S. 201. Aus: Wie immer unverhofft. Neue Weihnachtsgeschichten. Herausgegeben von Susanne Gretter. suhrkamp taschenbuch 4378. © Suhrkamp Verlag Berlin 2012.

Kristof Magnusson, geboren 1976 als Sohn deutsch-isländischer Eltern in Hamburg, studierte in Leipzig und Reykjavík, lebt als Autor und Übersetzer aus dem Isländischen in Berlin. Seine Komödie *Männerhort* lief an über 100 Bühnen im In- und Ausland und wurde mit Detlev Buck, Elyas M'Barek und Christoph Maria Herbst verfilmt. Zuletzt erschienen von ihm die von Kritik und Publikum gefeierten SPIEGEL-Bestseller *Das war ich nicht* (Kunstmann, 2010) und *Arztroman* (Kunstmann, 2014).

»In Tegel blinkt ein rotes Licht«, S. 137. In anderer Fassung zuerst erschienen in der *Berliner Zeitung*, Nummer 300, 24./25./26.12.2014. © Kristof Magnusson. Aus: Alles Lametta. Neue Weihnachtsgeschichten. Herausgegeben von Susanne Gretter. suhrkamp taschenbuch 4631. © Suhrkamp Verlag Berlin 2015.

Olga Martynova, 1962 bei Krasnojarsk in Sibirien geboren, wuchs in Leningrad auf, studierte russische Sprache und Literatur; 1991 zog sie nach Deutschland. Sie lebt mit ihrem Mann Oleg Jurjew in Frankfurt/Main. Sie schreibt Gedichte (auf Russisch) und Essays und Prosa (auf Deutsch). Mit ihrer Lyrik war Olga Martynova auf der Longlist für den Russischen Preis 2009, mit ihrem Roman-Debüt *Sogar Papageien überleben uns* kam sie auf die Longlist des Deutschen Buchpreises und auf die Shortlist des Aspekte-Preises. 2011 erhielt sie den Adelbert-von-Chamisso-Förderpreis und den Roswitha-von-Gandersheim-Preis. 2012 wurde sie mit dem Ingeborg-Bachmann-Preis ausgezeichnet. Zuletzt erschien ihr Roman *Der Engelherd* (S. Fischer, 2016).

»Der ewige Salat«, S. 213. Aus: Oh Weihnacht. Frohe und unfrohe Geschichten zum Fest. Herausgegeben von Brigitte Heinrich. Verlag Heinrich & Hahn, Frankfurt am Main 2007. © Olga Martynova.

Erica Pedretti, 1930 im nordmährischen Šternberk (im heutigen Tschechien) geboren. Im Dezember 1945 kam sie mit einem Rotkreuztransport zu Verwandten in die Schweiz (ihre Großmutter war Schweizerin) und besuchte in Zürich die Kunstgewerbeschule. 1950 emigrierte sie in die USA und verbrachte zwei Jahre in New York. 1952 kehrte sie in die Schweiz zurück und heiratete den Künstler Gian Pedretti aus der Engadiner Künstlerfamilie Pedretti. Seit den 1970er Jahren arbeitet sie erfolgreich als bildende Künstlerin. Seit 1988 ist sie korrespondierendes Mitglied der Deutschen Akademie für Sprache und Dichtung in Darmstadt. Heute lebt Erica Pedretti mit ihrem Mann in La Neuveville am Bieler See.

»Ein Hirschschlegel für Angelika«, S. 183. Aus: Tafelrunde. Schriftsteller kochen für ihre Freunde. Rezepte und Geschichten. Herausgegeben von Angelika Overath, Manfred Koch und Silvia Overath. © 2012 Luchterhand Literaturverlag, München, in der Verlagsgruppe Random House GmbH.

Edgar Rai, geboren 1967, lebt in Berlin. Er hat insgesamt unter vier verschiedenen Pseudonymen mehr als 20 Bücher veröffentlicht. Seit 2012 Gründer & Mitinhaber der Buchhandlung Uslar & Rai. Zuletzt erschien sein Roman *Etwas bleibt immer* (Berlin Verlag 2016).

»Eine Weihnachtsgeschichte«, S. 172. Aus: Alles Lametta. Neue Weihnachtsgeschichten. Herausgegeben von Susanne Gretter. suhrkamp taschenbuch 4631. © Suhrkamp Verlag Berlin 2015.

Hugo Ramnek, geboren 1960, aufgewachsen an der österreichisch-slowenischen Grenze in Bleiburg/Pliberk, lebt nach Studienjahren in Wien und Dublin seit 1989 als Schriftsteller, Lehrer und Schauspieler in Zürich. Sein erster Roman, *Der letzte Badegast*, erschien 2010 im Wieser Verlag. 2012 wurde er mit seiner Erzählung *Kettenkarussell* (Wieser Verlag 2012) für den Bachmannpreis nominiert. Für seine Lyrik wurde er u.a. mit dem Anerkennungspreis der Heinz und Hannelise Weder Stiftung, Bern 2013, ausgezeichnet.

»Weiße Weihnacht«, S. 103. Originalbeitrag. © Hugo Ramnek. Abdruck mit freundlicher Genehmigung.

Bärbel Reetz, 1942 in Hameln geboren, studierte Germanistik und Anglistik und lebt als Autorin und freie Journalistin in Berlin. Ihre Arbeiten wurden mehrfach mit Preisen ausgezeichnet, u. a. 1994 mit dem Bettina-von-Arnim-Preis für die Erzählung »Virginia oder die Gleichzeitigkeit«. Zuletzt erschien im Jahr 2015 *Das Paradies war für uns. Emmy Ball-Hennings und Hugo Ball.*

»Nächstes Jahr bei uns«, S. 147. Aus: Diesmal bei uns. Neue Weihnachtsgeschichten. Herausgegeben von Susanne Gretter. suhrkamp taschenbuch 4534. © Suhrkamp Verlag Berlin 2014.

Kaspar Schnetzler, 1942 in Zürich geboren, lebt und arbeitet dort als Autor von Romanen, Kurzgeschichten und Essays sowie als freier Journalist. Zürcher Journalistenpreis und Preis der Schweizerischen Schillerstiftung. 2008 erschien sein Roman *Das Gute* (bilgerverlag, Zürich), zuletzt 2014 der Roman *Das Modell* (bilgerverlag, Zürich).

»Unter dem Sternenhimmel«, S. 155. Aus: Weihnachten in den Alpen. Geschichten. Herausgegeben von Susanne Gretter. insel taschenbuch 4261. © Insel Verlag Berlin 2013.

Sabine Scholl lebt nach Stationen in Wien, Aveiro, Chicago, New York, Nagoya in Berlin, lehrt Literarisches Schreiben am Deutschen Literaturinstitut Leipzig, von 2009 bis 2012 auch an der Universität für Angewandte Kunst Wien. Zahlreiche Bücher in verschiedenen Genres. Zuletzt erschien ihr Roman *Die Füchsin spricht* (Secession-Verlag, 2016).

»Merikurisimasu!«, S. 187. Aus: Diesmal bei uns. Neue Weihnachtsgeschichten. Herausgegeben von Susanne Gretter. suhrkamp taschenbuch 4534. © Suhrkamp Verlag Berlin 2014.

Daniel Schreiber, geboren 1977, lebt in Berlin. Er arbeitet als freier Autor u. a. für die *Zeit*, *Deutschlandradio Kultur* und die *taz*. 2007 erschien seine Susan-Sontag-Biographie *Geist und Glamour*, 2014 erschien *Nüchtern. Über das Trinken und das Glück*.

»Drei Jahre«, S. 112. Originalbeitrag. © Daniel Schreiber. Abdruck mit freundlicher Genehmigung.

Leta Semadeni, 1944 in Scuol/Engadin geboren, lebt seit 2005 als freie Autorin in Lavin im Unterengadin. Publiziert Prosa und Gedichte, wobei sie ihre Gedichte durchgehend auf Rätoromanisch und Deutsch schreibt. Ihr lyrisches Werk wurde 2011 mit dem Literaturpreis des Kantons Graubünden und mit dem Preis der schweizerischen Schillerstiftung ausgezeichnet. Zuletzt erschien ihr Roman *Tamangur* (Rotpunktverlag, 2015).

»Are You Lonesome Tonight?«, S. 57. Aus: Weihnachten in den Alpen. Geschichten. Herausgegeben von Susanne Gretter. insel taschenbuch 4261. © Insel Verlag Berlin 2013.

Jenni Zylka, geboren 1969, wohnt seit 1988 in Berlin, schreibt Kultur- und Medientexte für Zeitungen, außerdem Bestseller und Drehbücher, moderiert ein Literaturmagazin für den WDR, ist Jurorin (Grimme-Preis), Mitglied der Vorauswahlkommission der Berlinale, moderiert Filmgespräche für verschiedene Filmfestivals und prüft Fernsehinhalte für die FSF.

»Lecker scharf«, S. 37. Originalbeitrag. © Jenni Zylka. Abdruck mit freundlicher Genehmigung.

**Weihnachten entspannt genießen …**

Besinnliche Adventszeit? Hektische Weihnachtseinkäufe in letzter Minute, aufwendige Vorbereitungen für das Festtagsmenü, anstrengende Familienbesuche – Weihnachten ist für viele der pure Stress. Wer träumt nicht davon, alldem zu entfliehen und stattdessen entspannte Advents- und Weihnachtstage zu verbringen?

Die Geschichten in diesem Buch lassen Sie den Weihnachtstrubel vergessen und bescheren Ihnen entspannte, verträumte und heitere Stunden.

**Weihnachten in der Badewanne.** Ausgewählt von Mia Mürren. insel taschenbuch 4181. 165 Seiten

NF 338/1/7.16

**Stille Nacht, Zaubernacht**

Weihnachten ist die Zeit der Wunder. Das größte aller Wunder feiern wir Jahr für Jahr. In der Weihnachtszeit geschehen aber auch andere Wunder, kleine und nicht ganz so kleine: Wunder der Freundschaft und Freundlichkeit, Wunder der Liebe, Wunder, die man nicht erklären kann, und Wunder, die keiner Erklärung bedürfen. Die schönsten dieser Wunder sind hier versammelt: Erzählungen über einen zauberschönen Tag, an dem mit einem Mal sich alles zum Besseren wenden kann.

*Mit Geschichten von Thomas Bernhard, Bertolt Brecht, Truman Capote, Axel Hacke, Marie Luise Kaschnitz, Erich Kästner, Alexander Kluge, Siegfried Lenz, Paul Maar, Carson McCullers, Eugen Roth, Patrick Roth, William Saroyan, Urs Widmer, Barbara Wood und vielen anderen.*

**Die Wunder zu Weihnachten.** Geschichten, die glücklich machen. Herausgegeben von Clara Paul. insel taschenbuch 4401. 235 Seiten

NF 337/1/7.16

**Dieses Fest werde ich nie vergessen …**

Voller Vorfreude werden die Weihnachts- und Adventstage erwartet, und kaum jemand kann sich ihrem Zauber entziehen. Nicht nur für Kinder, sondern auch für die meisten Erwachsenen ist es die schönste Zeit des Jahres. Alle Jahre wieder … Und doch gibt es Feste, die einem in ganz besonderer Erinnerung bleiben – von unvergesslichen Weihnachtserlebnissen erzählen die Autorinnen und Autoren dieses Bandes: von schlittenfahrenden Wunderkerzen in winterlicher Nacht, von schwarzen Weihnachtsmännern in der bayerischen Provinz, von süßen Katastrophen beim Schokofondue und Geschenken, die einen in Staunen versetzen.

*Heitere und bewegende, komische und traurig-schöne Geschichten von Eva Demski, Tanja Dückers, Elke Heidenreich, Tatjana Kruse, Christina zu Salm, Herrad Schenk, Franziska Wolffheim, Friedrich von Borries, Eckhart von Hirschhausen, Volker Reiche, Wilhelm Schmid u.v.a.*

**Ein unvergessliches Weihnachtsfest.** Herausgegeben von Gesine Dammel. insel taschenbuch 4554. 220 Seiten

NF 336/1/7.16

**Den Sternen näher**

Weihnachten in den Alpen – eine verheißungsvolle Vorstellung, für alle, die die Berge lieben. Klarer Himmel, klirrende Kälte, Stille statt städtischem Weihnachtslärm, knirschender Schnee, hohe Gipfel – die perfekte Kulisse für naturverbundene Ferien und ein schönes Fest. Wer die Weihnachtszeit nicht dort verbringen kann, sei eingeladen, dies wenigstens lesend zu tun. Aber natürlich: der Winter in den Alpen hat auch seine Tücken. Es ist nicht alles Gold, was an der Weihnachtsarve glänzt…

Mit Geschichten von Autorinnen und Autoren, die in den Bergen zu Hause sind, und solchen, die die Berge lieben und kennen: Urs Augstburger, Angelika Overath, Bärbel Reetz, Kaspar Schnetzler, Leta Semadeni, Emil Zopfi – eigens für diesen Band geschrieben. Und weiteren überraschenden Texten von Hermann Hesse, Erich Kästner, Ulrich Knellwolf, Ingrid Noll und anderen.

**Weihnachten in den Alpen.** Herausgegeben von Susanne Gretter. insel taschenbuch 4261. 198 Seiten

NF 214/1/07.14

NF 209/1/07.14

**Weihnachten – die schönste Zeit des Jahres**

Weihnachten – die schönste Zeit des Jahres, Zeit der Besinnung, der inneren Einkehr und der Vorfreude auf das bevorstehende Fest. Mit verführerischen Düften von Glühwein, Backwerk und gebrannten Mandeln locken die Weihnachtsmärkte, und bunt geschmückte Weihnachtsbäume bringen nicht nur Kinderaugen zum Leuchten. Wie es einst war und wie es heute ist, davon erzählen auch die Dichter. Die schönsten Weihnachtsgedichte deutscher Sprache sind hier versammelt – von Martin Luther bis Robert Gernhardt.

**Die schönsten Weihnachtsgedichte.** Ausgewählt von Gesine Dammel. insel taschenbuch 4067. 114 Seiten

NF 211/1/07.14